3

Logo!

Harriette Lanzer

Heinemann Educational
Halley Court, Jordan Hill, Oxford OX2 8 EJ
Part of Harcourt Education

Heinemann is the registred trademark of
Harcourt Education Limited

First published 2002

03 04 10 9 8 7 6 5 4 3 2

A catalogue record for this book is available from the British Library on request.

ISBN 0 435 36690 4

Produced by **AMR** Ltd

Illustrations by Art Construction, Belinda Evans, Tony Forbes, Andy Peters, Wayne Thompson, Shaun Williams

Cover photo provided by Getty Images

Printed and bound in Spain by Mateu Cromo

Acknowledgements
The author would like to thank Karl Witzmann, Christina Friedl and the pupils of the Bundesgymnasium Zaunergasse in Salzburg; Dr Steve Williams and Jana Kohl; Julie Green for her help in the development of the course; John Green TEFL tapes and Johan Nordqvist for the audio production.

The author and publishers would like to thank the following for permission to reproduce copyright material: **Urlaubsspezialisten** p. 54 (logo); **Verlagsgruppe Bertelsmann** p. 67 (cover of *Der Pferdeflüsterer*); **SWR3.online** (3/00) p. 72 adapted from a text by Schiwa Schlei; **Diary Entertainment GmbH** p. 73 (diary logo); Clique p. 73 (logo); Text aus **JUMA** (4/98) p. 90; Text aus **JUMA Bücherkiste** (10/99) p. 117; **Dtv Verlag** (cover of *Karotte, Maulwurf und die erste Liebe*).

Photographs were provided by **Jacky Chapman/ format** p. 6 (Nicholas), p. 33 (Mira); **Keith Gibson** p. 6 (Lucas); **Images Colour Library** p. 7 (Jo Kelly); **Mark Leech Sports Photography** p. 8 (Ryan Giggs); **Action Plus** p. 8 (Sonia O'Sullivan), p. 12 (d); **Mary Evans Picture Library** p. 8 (Robert Burns); **Greg Evans International** p. 30 (Franziska & violin), p. 48 (a), p. 54 (4), p. 119 (Lars); **Skishoot-Offshoot** p. 46 (Austrian Alps), p. 54 (2 & 5); **Collections** p. 46 (swimming pool); **Austrian National Tourist Office/Weinhaeupl** p. 48 (c); **Martin Sookias** p. 50 (b); **Austrian National Tourist Office/Wiesenhofer** p. 54 (1 & 3); **Anthony Blake Photo Library/Martin Brigdale** p. 54 (6); **Anthony Blake Photo Library/Anthony Blake** p. 55 (c); **Anthony Blake Photo Library/Trevor Ward** p. 55 (b); **Austrian National Tourist Office/H Lehmann** p. 55 (d); **The Kobal Collection** p. 60 (a, c & d); **The Ronald Grant Archive** p. 60 (b, e, f & g); **All Action Pictures Ltd** p. 64 (Britney Spears & Backstreet Boys); **Redferns Music Picture Library/JM International** p. 64 (Craig David); **Diary Entertainment GmbH** p. 73 (Jule); **Clique** p. 73 (group circle); **David H Wells/Corbis** p. 90 (Martina); **Jim Sugar Photography/Corbis** p. 113 (Robert); all other photos by **Steve J. Benbow**.

Every effort has been made to contact the copyright holders of material reproduced in this book. Any omissions will be rectified in subsequent printings if notice is given to the publishers.

Tel: 01865 888058 www.heinemann.co.uk

Inhalt

Seite

3 Österreich und die Umwelt 42

4 Medien 60

1 Austausch

1 Ich komme aus Europa

Asking for and giving personal details

1a HÖREN **Hör zu. Wer spricht? (1–8)**
Beispiel: 1 Rudi

Name: Rudi
Alter: 14
Geburtsort: Dresden
Wohnort: München

Name: Emily
Alter: 15
Geburtsort: Liverpool
Wohnort: Malton, Yorkshire

Name: Lisa
Alter: 14
Geburtsort: Salzburg
Wohnort: Salzburg

Name: Nicolas
Alter: 16
Geburtsort: Bordeaux
Wohnort: Bordeaux

Name: Lucas
Alter: 15
Geburtsort: Barcelona
Wohnort: Frankfurt

Name: Nina
Alter: 15
Geburtsort: Rom
Wohnort: Villach, Österreich

Malton
Liverpool
ENGLAND
DEUTSCHLAND
Dresden
Frankfurt
München
ÖSTERREICH
Salzburg
Villach
FRANKREICH
Bordeaux
ITALIEN
Rom
SPANIEN
Barcelona

1b HÖREN **Hör zu und wiederhole. Findest du jeweils einen Fehler? (1–4)**
Beispiel: 1 15 = „14"

2 Lies die Sätze. Wer ist das?

Beispiel: **1** Nicolas

1. Ich bin sechzehn Jahre alt und wohne in Frankreich.
2. Ich komme aus Spanien, aber jetzt wohne ich in Deutschland.
3. Ich bin fünfzehn Jahre alt und wohne in Österreich. Ich komme aber aus Italien.
4. Ich bin vierzehn Jahre alt und wohne in Bayern. Das ist in Deutschland.

3 Kopiere und ergänze die Sätze.

Beispiel: **1** Lisa kommt aus Österreich.

1. Lisa ... aus Österreich.
2. Nicolas ... sechzehn Jahre alt.
3. Rudi ... in München.
4. Emily ... fünfzehn Jahre alt.
5. Lucas ... aus Spanien.
6. Nina ... in Österreich. Sie ... fünfzehn Jahre alt.
7. Das Mädchen aus England ... Emily.
8. Lucas ... in Frankfurt. Das ... in Deutschland.

Wiederholung

The present tense (singular)

ich (*I*)	**du** (*you*)	**er** (*he*) / **sie** (*she*)
habe	hast	hat
bin	bist	ist
komme	kommst	kommt
wohne	wohnst	wohnt
heiße	heißt	heißt

Lern weiter ▶ 3.1, Seite 126

4a Mach Interviews mit Lisa, Emily, Nicolas, Rudi, Lucas und Nina.

Beispiel:
- ▲ Wie heißt du?
- ● Ich heiße (Lisa).
- ▲ Wie alt bist du, (Lisa)?
- ● Ich bin (vierzehn) Jahre alt.
- ▲ Woher kommst du?
- ● Ich komme aus (Salzburg) in (Österreich).
- ▲ Wo wohnst du?
- ● Ich wohne in (Salzburg) in (Österreich).

Ich komme aus England/Frankreich/Deutschland/Spanien/Österreich/Italien.

4b Wer ist der beste Austauschpartner / die beste Austauschpartnerin für dich? Beschreib ihn/sie.

Beispiel: Die beste Austauschpartnerin für mich ist Lisa. Lisa ist vierzehn Jahre alt. Sie kommt aus Salzburg in Österreich und sie wohnt auch dort. Ich bin auch vierzehn Jahre alt. Ich komme aus ...

5 Mach einen Steckbrief für eine berühmte Person und schreib die Details auf.

Beispiel: Ich heiße Jo Kelly. Ich bin vierundzwanzig Jahre alt. Ich komme aus Birmingham in England und ich wohne in Los Angeles in Amerika.

Name:	Jo Kelly
Alter:	24
Geburtsort:	Birmingham, England
Wohnort:	Los Angeles, Amerika

2 Ich bin Deutscher

Naming some nationalities
Talking about what you like doing

Hör zu. Wer ist das? (1–9)
Beispiel: 1 Nicolas

Lisa – Ich bin Österreicherin.
Emily – Ich bin Engländerin.
Nicolas – Ich bin Franzose.
Rudi – Ich bin Deutscher.
Lucas – Ich bin Spanier.
Nina – Ich bin Italienerin.

Ryan Giggs:
Er ist Waliser.

Sonia O'Sullivan:
Sie ist Irin.

Robert Burns:
Er war Schotte.

Partnerarbeit.
Beispiel:
▲ Welche Nationalität hat (Lucas)?
● (Er) ist (Spanier).
▲ Welche Nationalität hat (Emily)?
● (Sie) ist (Engländerin).

Welche Nationalität hat Lucas/Emily/ ... ?	
Er ist	Spanier, Franzose, Deutscher.
Sie ist	Engländerin, Italienerin, Österreicherin.

Hör zu. Spricht man über einen Mann oder eine Frau? (1–8)
Beispiel: 1 eine Frau

Grammatik

Talking about nationalities

Er ist		Sie ist	
	Engländer.		Engländer<u>in</u>.
	Italiener.		Italiener<u>in</u>.
	Spanier.		Spanier<u>in</u>.
	Österreicher.		Österreicher<u>in</u>.
	Franzose.		Französ<u>in</u>.
	Deutscher.		Deutsche.
	Waliser.		Waliser<u>in</u>.
	Ire.		Ir<u>in</u>.
	Schotte.		Schott<u>in</u>.

Lern weiter ▶ 1.3, Seite 122

Vokabeln lernen ist wichtig. Nimm dein Vokabelheft überall mit und lern ... im Bus, im Bad, im Café.

Welche Nationalität hatten diese Leute? Schreib Sätze.
Beispiel: 1 Mozart war Österreicher.

1 Mozart
2 Elizabeth I.
3 Napoleon
4 Goethe
5 Florence Nightingale
6 Marie Antoinette
7 Robert Burns
8 Salvador Dali

4a Hör zu und lies. Ordne die Bilder.

Beispiel: f, ...

a b

c

d

e

f

g

h

```
Hallo Emily!
Bald kommst du nach München - hurra! Vielen Dank für
die Informationen über deine Lieblingshobbys. Hier
unten findest du alles über meine Lieblingshobbys!
Mein Hobby Nummer eins ist Fußball! Ich spiele sehr
gern Fußball. Am Wochenende mache ich das mit meinen
Freunden im Park. Ich sehe auch gern fern.
Seifenopern und Krimis gefallen mir am besten. Ich
spiele gern Computerspiele. Ich habe einen Computer
im Zimmer und manchmal spiele ich auch bei meinem
besten Freund, Peter. Ich gehe gern ins Kino -
gestern habe ich einen Film gesehen, aber er war
sehr langweilig. Was sonst? Ach ja, ich höre gern
Musik. Meine Lieblingsgruppe ist „Die Größten".
Magst du sie auch? Ich lese ziemlich gern, aber
meistens nur Comics. Und was mache ich nicht gern?
Tja, ich fahre nicht gern Ski - das finde ich zu
anstrengend. Und ich gehe nicht gern einkaufen -
das ist stinklangweilig!
Bis bald!
Rudi
```

4b Hör zu. Was macht Emily gern?

Beispiel: Fußball ✔

Schreib nur Stichwörter auf. So: „Ich spiele gern Fußball" = „Fußball" „Ich höre gern Musik" = „Musik" usw.

4c Was machen Emily und Rudi (nicht) gern?

Beispiel: Sie spielen gern Fußball.

5 Partnerarbeit. Seht euch die Bilder zu Übung 4a an.

Beispiel:
- ▲ Was machst du gern?
- ● Ich (gehe gern ins Kino).
- ▲ Das ist Bild (b).
- ● (Richtig.)
- ▲ Und was machst du nicht gern?

Ich	spiele	(nicht) gern	Fußball / Computerspiele.
	höre		Musik.
	lese		
	sehe		fern.
	gehe		ins Kino / einkaufen.
	fahre		Ski.

6 Was machst du gern? Was machst du nicht gern? Schreib eine E-Mail wie in Übung 4a.

Beispiel:
Mein Lieblingshobby ist Golf. Ich spiele sehr gern Golf und das mache ich immer am Wochenende. Ich gehe auch gern ins Kino. Am liebsten sehe ich Horrorfilme.

G Wiederholung

The present tense (plural)

wir (*we*)	seh<u>en</u>	les<u>en</u>	fahr<u>en</u>
ihr (*you* – familiar)	seh<u>t</u>	les<u>t</u>	fahr<u>t</u>
sie/Sie (*they/you* – polite)	seh<u>en</u>	les<u>en</u>	fahr<u>en</u>

Lern weiter ▶ 3.1, 3.2, Seite 126

3 Emilys Austausch

Understanding and using everyday expressions for a visit

HÖREN 1a **Hör zu und wiederhole. Welches Bild ist das? (1–14)**
Beispiel: 1 b

Emilys Austauschpartner ist Rudi. Er wohnt in München, in Süddeutschland. Letzte Woche hat Emily Rudi besucht. Am Samstag ist sie nach München geflogen.

a *Rudi:* Hallo. Wie geht's?
Emily: Gut, danke. Wie geht's dir?
Rudi: Sehr gut! Gehen wir nach Hause?
Emily: Ja.

b *Rudi:* Guten Appetit, Emily.
Emily: Äh, was ist das?
Rudi: Das ist Weißwurst. Eine Spezialität aus München.
Emily: Aber ich bin Vegetarierin.
Rudi: O, isst du gern Brot und Käse?
Emily: Ja.
Rudi: Also, hier ist Brot und Käse für dich.
Emily: Danke. Guten Appetit!

c *Emily:* Gute Nacht, Rudi.
Rudi: Aber es ist erst neun Uhr.
Emily: Ja, aber ich bin sehr müde und morgen machen wir viel!
Rudi: O.K., gute Nacht.

Hör zu und lies die Dialoge. Beantworte die Fragen.
Beispiel: 1 München

1 Wo wohnt Rudi?
2 Wie ist Emily nach Deutschland gekommen?
3 Wie geht's Rudi?
4 Was ist Weißwurst?
5 Wer ist Vegetarierin?
6 Was isst Emily gern?
7 Wann geht Emily ins Bett?
8 Was sagt Rudi am Ende?

Partnerarbeit. Lest die Dialoge zu zweit vor. Ändert die Details, wenn ihr wollt.

Beispiel: ▲ Hallo. Wie geht's?

● (Nicht sehr gut. Ich habe Kopfschmerzen.) Wie geht's dir?

Rudi hat eine Liste von Ausdrücken für Emily gemacht. Was passt zusammen?

Beispiel: 1 k

1	Guten Tag.
2	Schönes Wochenende!
3	Gute Reise!
4	Das war lecker.
5	Bis bald.
6	Tschüs.
7	Auf Wiedersehen.
8	Danke sehr. Bitte sehr.
9	Wie bitte?
10	Entschuldigung.
11	Wie geht's?
12	Gute Nacht.
13	Guten Appetit.
14	Sprechen Sie Englisch?

a Have a good trip!
b Enjoy your meal.
c Thank you. You're welcome.
d Bye.
e Sorry.
f Do you speak English?
g How are you?
h Have a nice weekend!
i See you soon.
j That was tasty.
k Hello.
l Pardon?
m Good night.
n Goodbye.

Hör zu und wiederhole. Wie heißt das auf Englisch? (1–14)

Beispiel: 1 Hello. How are you?

Eine deutsche Aussprache ist wichtig. Also, imitiere die Person auf der Kassette.

Partnerarbeit. Testet einander.

Beispiel: ▲ Wie heißt („pardon?") auf Deutsch?

● („Wie bitte?")

▲ (Richtig.)

● Wie heißt („good night") auf Deutsch?

Was kann Emily sagen? Pass auf – manchmal gibt es zwei oder drei Antworten.

Beispiel: 1 Gute Nacht.

1 Sie geht ins Bett.
2 Sie isst zu Mittag.
3 Sie hat Rudi nicht richtig gehört.
4 Es ist Freitagabend.
5 Sie trifft Rudis Freunde.
6 Rudis Mutter fährt nach Italien.
7 Emily fährt wieder nach England.

MINI-TEST

Check that you can:

- ask for and give personal details
- name some nationalities
- talk about what you like doing
- give some useful expressions for a visit

4 Was hast du gemacht?

Talking about what you did on a trip

HÖREN **1a** **Hör zu und lies.**

Herr Stein: Na, Emily? Was hast du heute gemacht?
Emily: Ach, ich hatte einen hektischen Tag! Ich habe Fußball gespielt – das war anstrengend! Ich bin einkaufen gegangen und ich habe viele Souvenirs gekauft. Was habe ich sonst alles gemacht? Tja, ich habe ferngesehen, gelesen und Musik gehört und ich habe Computerspiele gespielt. Ach, ja, und ich bin ins Kino gegangen! Was haben Sie denn gemacht, Herr Stein?
Herr Stein: Ich? Tja, ich bin nach Österreich gefahren und ich bin Ski gefahren!
Emily: Wie bitte?
Herr Stein: Ja, ich bin Ski gefahren – Österreich ist nur achtzig Kilometer von München!

Beschrifte die Fotos. Was haben sie heute gemacht? Was sagen sie?
Beispiel: a Ich habe gelesen.

Hör zu. Was haben sie heute gemacht? Mach Notizen. (1–2)
Beispiel: **1** Computerspiele, ...

Was hat Rudis Schwester heute gemacht? Ordne die Bilder.
Beispiel: c, ...

Heute war ein guter Tag und ich habe viel gemacht! Zuerst habe ich Computerspiele gespielt – mein Bruder war nicht zu Hause, also habe ich an seinem Computer gespielt! Danach habe ich mit meiner Schwester unten im Keller Tischtennis gespielt. Das war sehr lustig und ich habe gewonnen! Danach habe ich mein Buch gelesen – es ist sehr spannend. Zu Mittag habe ich Brot und Weißwurst gegessen und am Nachmittag bin ich mit meinem Freund ins Kino gegangen. Wir haben einen tollen Film gesehen, aber mein Freund ist leider eingeschlafen! Nach dem Film sind wir ins Eiscafé gegangen und das war sehr romantisch. Am Abend hatte ich Kopfschmerzen, also bin ich früh ins Bett gegangen.

Partnerarbeit. Memoryspiel: Wer hat den aktivsten Tag gehabt?
Beispiel:
▲ Was hast du heute gemacht?
● Ich (habe Musik gehört). Was hast du gemacht?
▲ Ich (habe Musik gehört) und ich (bin einkaufen gegangen). Was hast du gemacht?

Ich habe	Musik	gehört.
	Fußball/Computerspiele	gespielt.
		gelesen/ferngesehen.
Ich bin	ins Kino / einkaufen	gegangen.
	Ski	gefahren.

Schreib eine Präsentation über deinen Tag wie im Text zu Übung 3 (mindestens acht Sachen).
Beispiel: Heute war ein voller Tag und ich habe viel gemacht. Am Vormittag bin ich joggen gegangen. Das war sehr anstrengend, also habe ich dann ein großes Frühstück gegessen. Um zehn Uhr bin ich einkaufen gegangen ...

am Vormittag · um elf Uhr · am Nachmittag · am Abend

danach · und · aber · zuerst · dann

Nimm deine Präsentation auf Kassette auf und vergleiche sie mit einem Partner / einer Partnerin.

5 Was hat er gemacht?

Talking about what other people have done

1a Hör zu und lies. Hörst du sechs Fehler auf der Kassette?
Beispiel: 1 England = „Schottland"

Engländerin hat einen Fahrradunfall!

Emily Lloyd, 14, aus Yorkshire, England, hat gestern einen Unfall gehabt. Emily hat eine Radtour mit ihrem deutschen Brieffreund, Rudi Stein, 14, gemacht. Um zwei Uhr haben sie Picknick gemacht und dann sind sie im Starnberger See schwimmen gegangen. Das Wasser war sehr kalt und nachher ist Emily bald wieder mit dem Rad gefahren. Leider hat die Engländerin etwas vergessen – in Deutschland fährt man rechts. Emily ist auf der linken Seite des Radwegs gefahren. Ein anderer Radfahrer ist gekommen und rums!, die zwei sind zu Boden gefallen. Zum Glück hatte Rudi sein

Handy dabei und er hat seinen Vater angerufen. Herr Stein ist sofort mit dem Auto gekommen und hat Rudi und Emily gefunden. Die Engländerin hat sich den Arm wehgetan und sie hatte Kopfschmerzen. „Das nächste Mal fahre ich rechts", sagte sie.

1b Richtig, falsch oder nicht im Text?
Beispiel: 1 nicht im Text

1 Rudi hat ein neues Fahrrad.
2 Rudi und Emily haben eine Radtour gemacht.
3 Sie sind im Schwimmbad schwimmen gegangen.
4 Nach dem Schwimmen ist Emily rechts gefahren.
5 In Deutschland gibt es viele Radwege.
6 Emily hat einen Unfall gehabt.
7 Rudis Handy war zu Hause.
8 Herr Stein hat einen Mercedes.
9 Emily hat sich das Bein wehgetan.
10 Morgen machen Rudi und Emily noch eine Radtour.

1c Lies den Artikel noch mal. Finde das Perfekt von folgenden Verben. Wie heißen sie auf Englisch?
Beispiel: 1 gehen – sind gegangen – went

1 gehen
2 vergessen
3 finden
4 machen
5 haben
6 fahren
7 fallen
8 kommen
9 anrufen
10 wehtun

1d Mach ein Interview mit Emily und Rudi für die Lokalnachrichten.
Beispiel: ▲ Wie heißt du?
● Ich heiße (Emily Lloyd).

Woher kommst du?
Wie alt bist du?
Was hast du gemacht?
Was hast du nach dem Unfall gemacht?
Wie geht's dir jetzt?

2a Hör zu. Wer hat das auf Austausch gemacht? (1–6)

Beispiel: 1 Lucas

2b Ergänze die Sätze mit haben oder sein.

Beispiel: 1 Nicolas ist Ski gefahren.

1. Nicolas ... Ski gefahren.
2. Lucas ... einen Unfall gehabt.
3. Lisa und Lucas ... schwimmen gegangen.
4. Lisa und Nina .... eine Radtour gemacht.
5. Nicolas ... ein Buch gelesen.
6. Lucas ... Computerspiele gespielt.

Wiederholung

The perfect tense with *haben* or *sein*

haben		**sein**	
ich habe	gespielt	ich bin	
du hast	gehabt	du bist	gefahren
er/sie hat	gemacht	er/sie ist	gefallen
wir haben	angerufen	wir sind	gegangen
ihr habt	gefunden	ihr seid	gekommen
sie/Sie haben	gelesen	sie/Sie sind	

Lern weiter ▶ 4.1, Seite 130

2c Partnerarbeit. Stellt Fragen und beantwortet sie.

Beispiel: ▲ Wer (hat eine Radtour gemacht?)
● (Lisa und Nina haben eine Radtour gemacht.)
▲ (Richtig!)

Lisa	hat		gelesen.
Nina		Computerspiele/Fußball	gespielt.
Lucas		Musik	gehört.
Lisa und Nina	haben	eine Radtour	gemacht.
		einen Unfall	gehabt.
Lucas	ist	schwimmen / einkaufen	gegangen.
Lisa und Nina	sind	Ski	gefahren.

3 Gestern hast du einen Unfall gesehen. Beschreib den Unfall für die Lokalzeitung.

Beispiel: Gestern hat Tobias Finkner, 14, aus Bremerhaven, eine Radtour gemacht. Er ist mit seiner Freundin, Renate Hausmann, 15, zum Wald gefahren und sie haben dort Picknick gemacht. Um drei Uhr ...

6 Souvenirs

Buying souvenirs

Hör zu und wiederhole. Ordne die Fotos.
Beispiel: d, ...

a
Fünfzehn Euro zehn. Geht das?
Ja.

b
Ja, sie sind dort drüben.
Danke ... Was kostet dieser Bierkrug?

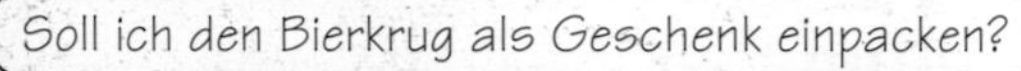

Soll ich den Bierkrug als Geschenk einpacken?

d
Hallo, kann ich dir helfen?
Ja. Haben Sie Bierkrüge?

Was passt zusammen?
Beispiel: 1 c

1 Dieser Kuli ist ideal für meine Mutter.
2 Dieses Buch ist sehr interessant.
3 Ich kaufe dieses T-Shirt für meine Schwester.
4 Entschuldigung. Was kostet diese Kassette?
5 Dieser Bierkrug ist ein bisschen teuer.
6 Diese Pflanze kaufe ich für Frau Stein.

a

b

c
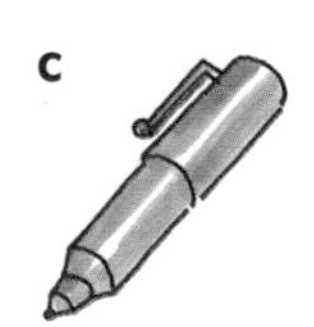

d

e

f

Beschrifte die Bilder a–f – Singular und Plural.
Beispiel: a dieses Buch – diese Bücher

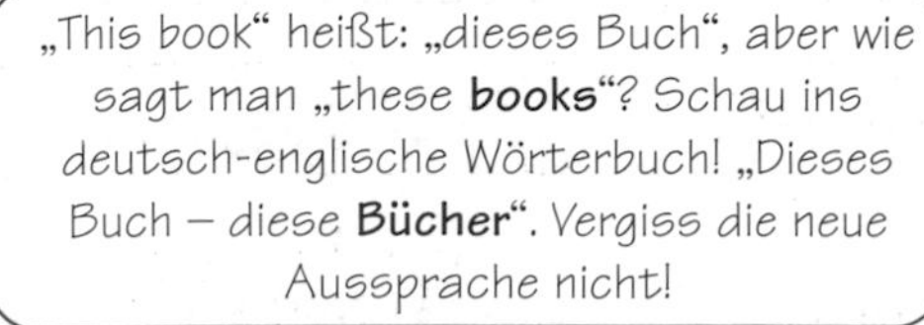

„This book" heißt: „dieses Buch", aber wie sagt man „these **books**"? Schau ins deutsch-englische Wörterbuch! „Dieses Buch – diese **Bücher**". Vergiss die neue Aussprache nicht!

Buch (¨er) n

'The' and 'this'

	nominative	*accusative*
m	der/dieser	den/diesen
f	die/diese	die/diese
n	das/dieses	das/dieses
pl	die/diese	die/diese

Lern weiter 1.7, Seite 124

HÖREN

3a Hör zu. Schreib die Tabelle ab und füll sie aus. (1–5)

hat gekauft	hat gekostet	Geschenk?
1 Kassette	€6,25	nein

3b Was haben sie gekauft? Schreib Sätze.

Beispiel: Nummer eins hat eine Kassette gekauft. Die Kassette hat DM 12,45 (€6,25) gekostet.

4 Partnerarbeit. Macht Dialoge.

▲ Hallo, kann ich dir helfen?

● Ja. Haben Sie ... ?

▲ Ja, sie sind dort drüben. / Nein, es tut mir Leid, wir haben keine ...

● Danke ... Was kostet dieser ... ? / diese ... ? / dieses ... ?

▲ ... . Geht das?

● Ja.

▲ Soll ich den / die / das ... als Geschenk einpacken?

● O ja, vielen Dank. / Nein, danke. Es geht so.

5 Schreib einen Dialog für diese Geschenke.

Beispiel: – Hallo, kann ich dir helfen?
– Ja, haben Sie Fußbälle?

der Fußball

die Krawatte

das Computerspiel

7 Partnersuche

Lies die Texte. Wer macht das gern?
Beispiel: a Sonja, Dirk

a 
b 
c 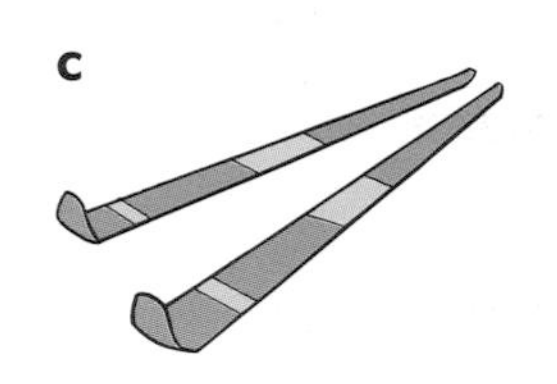
d 
e 
f 
g 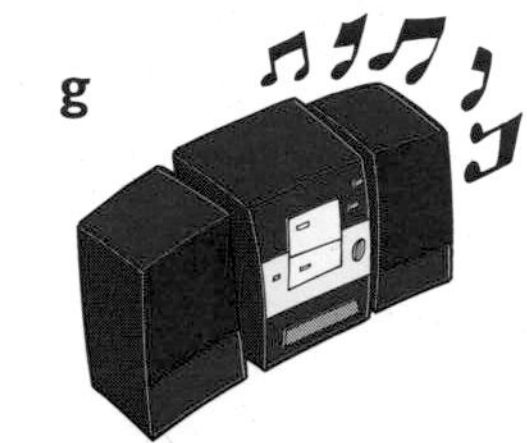
h 

Hallo, ich heiße Miguel! Ich komme aus dem Norden von Spanien und suche zur Zeit eine deutsche Brieffreundin, die gern mit mir auf Deutsch kommunizieren möchte. Ich bin fünfzehn Jahre alt und wohne in Barcelona – das ist eine große und sehr schöne Stadt in Katalonien. Mein Lieblingshobby ist Skifahren – letztes Wochenende bin ich mit meinem Vater Ski gefahren, aber das war eine Katastrophe, weil es irrsinnig kalt war! Ich lese auch sehr gern und natürlich sehe ich auch gern fern. Meine Lieblingssendung ist *Die Simpsons* – ich finde sie total lustig. Ich gehe auch gern einkaufen, aber leider kann ich im Moment nicht viel kaufen – ich habe kein Geld!
mkl200@palmail.com

Ich bin Dirk und komme aus Ostdeutschland. In der Schule bekomme ich immer schlechte Noten in Englisch, also suche ich jetzt eine englische Brieffreundin, die mir beim Englischlernen helfen kann. Ich wohne in Jena und besuche eine Hauptschule. In meiner Freizeit spiele ich meistens Computerspiele oder ich höre Musik. Manchmal gehe ich auch ins Kino oder ich sehe mir Videos an.
d.manninger@palmail.com

Ich heiße Veronika und komme aus Bordeaux in Südwestfrankreich. In der Schule lerne ich Deutsch, aber das finde ich ziemlich schwierig, also suche ich einen österreichischen oder deutschen Brieffreund, der gern Französisch lernt. Hoffentlich können wir dann einander E-Mails schicken und gleichzeitig eine Sprache lernen! In meiner Freizeit höre ich gern Musik und ich sehe gern fern. In den Ferien habe ich viele Computerspiele mit meinem kleinen Bruder gespielt und das war toll.
v.lamaison@palmail.com

Servus! Mein Name ist Sonja und ich komme aus Österreich. Ich wohne in Wien – das ist die Hauptstadt und sie ist eine wunderbare Stadt. Ich suche einen italienischen Brieffreund, weil ich Italien liebe! Letzten Sommer bin ich mit meiner Familie an die italienische Küste gefahren und das hat mir sehr gefallen. Ich bin vierzehn Jahre alt und mein Lieblingshobby ist Fußball. Ich bin in der Mädchenmannschaft Wiener Mädel FC und letztes Jahr haben wir die Liga gewonnen. Im Sommer spiele ich auch gern Tennis, aber ich kann es nicht so gut spielen! Ich gehe auch gern ins Kino und am liebsten sehe ich Liebesfilme! s.klein@palmail.com

Mach Steckbriefe für die Jugendlichen aus Übung 1a.

Beispiel: Name: Miguel

Name – Nationalität – Alter – Wohnort – Hobbys

Beantworte folgende Fragen.

Beispiel: 1 Er ist Ski gefahren.

1. Was hat Miguel letztes Wochenende gemacht?
2. Was kann Miguel im Moment kaufen?
3. Wie heißt die Hauptstadt von Österreich?
4. Wohin ist Sonja letzten Sommer gefahren?
5. Mit wem ist sie dahin gefahren?
6. Was hat Sonja gewonnen?
7. Was für ein Problem hat Dirk in der Schule?
8. Was für eine Schule besucht Dirk?
9. Warum sucht Veronika einen deutschsprachigen Brieffreund?
10. Was hat Veronika in den Ferien gemacht?

Hör zu. Schreib die Tabelle ab und füll sie aus. (1–4)

	Alter	kommt aus	wohnt in	Hobbys	in den Ferien
1	15	Österreich	Deutschland	Fernsehen, Musik	nach Spanien gefahren

Finde einen passenden Partner / eine passende Partnerin auf Seite 18 für sie.

Beispiel: Nummer 1 und Veronika

Erfinde eine Identität und mach einen Steckbrief dafür.

Beispiel:

Name:	José
Alter:	16
Nationalität:	Spanier
Wohnort:	Madrid
Hobbys:	Fußball, Musik, Angeln

Gruppenarbeit. Finde den besten Partner / die beste Partnerin für dich in der Klasse.

Beispiel:
▲ Wie heißt du?
● Ich heiße (José).
▲ Wie alt bist du, (José)?
● Ich bin (sechzehn) Jahre alt.
▲ Und woher kommst du?
● Ich komme aus (Spanien).

Schreib eine E-Mail über deine neue Identität wie auf Seite 18. Beschreib auch das, was du neulich gemacht hast.

Beispiel: Hallo! Ich heiße José und komme aus Spanien. Ich bin sechzehn Jahre alt und wohne in Madrid. Das ist die Hauptstadt von Spanien. Mein Lieblingshobby ist Fußball, und letztes Wochenende bin ich nach Barcelona geflogen und habe das Spiel von Barca gegen Real Madrid gesehen. Das war total spannend und wir haben gewonnen!

Lernzieltest Check that you can:

1	• ask for personal details	*Wie heißt du? Wie alt bist du? Woher kommst du? Wo wohnst du?*
	• give your personal details	*Ich heiße Lucas. Ich bin vierzehn Jahre alt. Ich komme aus Italien. Ich wohne in Deutschland.*
2	• ask what nationality people are	*Welche Nationalität hat Emily?*
	• say what nationality people are	*Emily ist Engländerin. Lucas ist Spanier.*
	• ask a friend what he/she likes doing	*Was machst du gern?*
	• say what you like doing	*Ich sehe gern fern. Ich fahre gern Ski.*
3	• give some useful expressions for a visit	*Wie geht's? Gute Reise! Schönes Wochenende. Gute Nacht. Bis bald. Auf Wiedersehen. Wie bitte?*
4	• ask a friend what he/she did today	*Was hast du heute gemacht?*
	• say what you did today	*Ich habe Musik gehört. Ich habe Fußball gespielt. Ich bin einkaufen gegangen.*
5	• talk about what other people have done	*Lucas hat Computerspiele gespielt. Nicolas ist Ski gefahren. Nicolas und Lucas sind einkaufen gegangen.*
6	• buy a souvenir	*Haben Sie Bierkrüge? Was kostet dieser Bierkrug? Soll ich den Bierkrug als Geschenk einpacken?*

Wiederholung

1 Hör zu. Schreib die Tabelle ab und füll sie aus. (1–5)

	Name	Alter	wohnt in	Nationalität
1	Judith	14	Madrid	Spanierin

2 Hör zu. Was hat Georg heute gemacht? Mach Notizen.
Beispiel: Fußball gespielt, ...

3 Partnerarbeit. Wie viele Informationen kannst du herausfinden?
Beispiel:
▲ Wie heißt du?
● Ich heiße (Sophie).
▲ Wie alt bist du?
● Ich bin (fünfzehn) Jahre alt.

Woher kommst du?

Wo wohnst du?

Was sind deine Hobbys?

Was hast du gestern / am Wochenende / in den Ferien gemacht?

4 Lies den Brief und ordne die Bilder. Beantworte dann die Fragen.

Beispiel: e, …

Hallo!

Ich heiße Jochen und bin fünfzehn Jahre alt. Ich komme aus St. Johann in Österreich, aber jetzt wohne ich in Leipzig, im Osten von Deutschland. In meiner Freizeit sehe ich am liebsten fern – gestern habe ich fünf Stunden lang ferngesehen, aber das war ein bisschen zu viel! Am Wochenende spiele ich sehr gern Hockey und letztes Wochenende habe ich im Spiel gegen eine Mannschaft aus Dresden mitgespielt. Das war total anstrengend und unsere Mannschaft hat verloren, also war ich sehr enttäuscht. Ich gehe auch gern ins Kino und am Samstag habe ich einen tollen Film gesehen. Er war sehr spannend und hoffentlich sehe ich ihn nachsten Samstag wieder! Manchmal gehe ich auch gern einkaufen, aber am Mittwoch war ich in der Stadt und ich habe mein Portemonnaie verloren, also habe ich jetzt kein Geld. Ich fahre auch gern Ski, aber letzten Winter bin ich Ski gefahren und ich habe mir das Bein gebrochen. Deshalb mache ich das jetzt nicht mehr! Wie heißt du? Woher kommst du? Was machst du in deiner Freizeit? Was hast du am Wochenende / in den Ferien gemacht?

Schreib bald!
Jochen

1 Wie heißt der Junge?
2 Wie alt ist er?
3 Woher kommt er?
4 Wo wohnt er?
5 Was hat er am Wochenende gespielt?
6 Hat er das Spiel gewonnen?
7 Wie war der Film am Samstag?
8 Was ist am Mittwoch passiert?
9 Was hat er letzten Winter gemacht?
10 Fährt er noch Ski?

5 Schreib eine Antwort an Jochen.

Beispiel: Hallo. Ich heiße Rob und komme aus Exeter. Ich bin Engländer und bin fünfzehn Jahre alt. …

ter

Hallo	***Hello***
Wie heißt du?	*What is your name?*
Ich heiße (Anna).	*My name is (Anna).*
Wie alt bist du?	*How old are you?*
Ich bin (14) Jahre alt.	*I'm (14) years old.*
Woher kommst du?	*Where do you come from?*
Ich komme aus ...	*I come from ...*
England.	*England.*
Frankreich.	*France.*
Deutschland.	*Germany.*
Spanien.	*Spain.*
Österreich.	*Austria.*
Italien.	*Italy.*
Irland.	*Ireland.*
Schottland.	*Scotland.*
Wales.	*Wales.*
Wo wohnst du?	*Where do you live?*
Ich wohne in (London).	*I live in (London).*

Nationalitäten	***Nationalities***
Welche Nationalität hat (Jan)?	*What nationality is (Jan)?*
Er ist ...	*He is ...*
Engländer.	*English.*
Italiener.	*Italian.*
Spanier.	*Spanish.*
Österreicher.	*Austrian.*
Franzose.	*French.*
Deutscher.	*German.*
Ire.	*Irish.*
Schotte.	*Scottish.*
Waliser.	*Welsh.*
Welcher Nationalität hat (Anna)?	*What nationality is (Anna)?*
Sie ist ...	*She is ...*
Engländerin.	*English.*
Italienerin.	*Italian.*
Spanierin.	*Spanish.*
Österreicherin.	*Austrian.*
Französin.	*French.*
Deutsche.	*German.*
Irin.	*Irish.*
Schottin.	*Scottish.*
Waliserin.	*Welsh.*

Hobbys und Freizeit	***Hobbies and leisure time***
Was machst du gern?	*What do you like doing?*
Ich spiele gern Fußball.	*I like playing football.*
Ich höre gern Musik.	*I like listening to music.*
Ich sehe gern fern.	*I like watching TV.*
Ich spiele nicht gern Computerspiele.	*I don't like playing computer games.*
Ich gehe nicht gern ins Kino.	*I don't like going to the cinema.*
Ich gehe nicht gern einkaufen.	*I don't like going shopping.*
Was hast du heute gemacht?	*What did you do today?*
Ich habe Computerspiele gespielt.	*I played computer games.*
Ich habe Fußball gespielt.	*I played football.*
Er hat Musik gehört.	*He listened to music.*
Sie hat ferngesehen.	*She watched TV.*
Ich bin Ski gefahren.	*I went skiing.*
Er ist ins Kino gegangen.	*He went to the cinema.*
Sie ist einkaufen gegangen.	*She went shopping.*

Nützliche Wendungen	***Useful expressions***
Hallo.	*Hello.* (informal)
Guten Tag.	*Hello.* (formal)
Wie geht's?	*How are you?*
Gut, danke.	*Well, thanks.*
Schönes Wochenende.	*Have a good weekend.*
Gute Nacht.	*Good night.*
Gute Reise.	*Have a good trip.*
Das war lecker.	*That was delicious.*
Bis bald.	*See you soon.*
Tschüs.	*Bye.*
Auf Wiedersehen.	*Goodbye.*
Sprechen Sie Englisch?	*Do you speak English?*
Guten Appetit!	*Enjoy your meal!*
Wie bitte?	*Pardon?*
Entschuldigung.	*Excuse me.*

Im Souvenir-Laden	***In the souvenir shop***
Kann ich dir helfen?	*Can I help you?* (informal)
Kann ich Ihnen helfen?	*Can I help you?* (formal)
Haben Sie ...	*Do you have any ...*
Kulis?	*ballpoint pens?*
Bierkrüge?	*beer mugs?*
Kassetten?	*cassettes?*
Bücher?	*books?*
T-Shirts?	*T-shirts?*
Sie sind dort drüben.	*They're over there.*
Nein, wir haben leider keine (Kulis).	*No, I'm sorry, we don't have any (pens).*
Danke.	*Thanks.*
Was kostet dieser (Bierkrug)?	*How much is this (beer mug)?*
Was kostet diese (Kassette)?	*How much is this (cassette)?*
Was kostet dieses (T-Shirt)?	*How much is this (T-shirt)?*
Geht das?	*Is that OK?*
Soll ich (den Bierkrug) als Geschenk einpacken?	*Shall I giftwrap the (beer mug)?*
Ja, bitte. Vielen Dank.	*Yes, please. Thank you very much.*

2 Bei uns – bei euch

1 Schulfächer

Talking about why you like/dislike some subjects

Hör zu. Wie oft hat man das Fach am Thomas-Mann-Gymnasium? (1–12)
Beispiel: 1 fünfmal

Thomas-Mann-Gymnasium, Freiburg

8. Klasse Stunden pro Woche

Fach	Stunden
Religion	1
Erdkunde	2
Englisch	5
Mathe	5
Sport	3
Kunst	2

Fach	Stunden
Deutsch	4
Geschichte	2
Französisch	4
Physik-Chemie	2
Biologie	1
Musik	2

Richtig oder falsch?
Beispiel: 1 Falsch

1. Die achte Klasse hat dreimal in der Woche Erdkunde.
2. Sie hat zweimal in der Woche Musik.
3. Sie hat viermal in der Woche Sport.
4. Sie hat fünfmal in der Woche Englisch.
5. Sie hat einmal in der Woche Religion.
6. Die achte Klasse hat keine Kunst.
7. Sie hat öfter Sport als Geschichte.
8. Sie hat öfter Englisch als Physik-Chemie.
9. Die achte Klasse lernt Spanisch.

Mach eine Liste von 1 (dem besten Fach) bis 12 aus den Fächern oben.
Beispiel: 1 Sport

Was bedeuten die unterstrichenen Adjektive auf Seite 25? Rate mal und überprüfe es dann im Wörterbuch.
Beispiel: nützlich – useful

Tja, was ist „nützlich"?
Ich weiß es! Ein deutsch-englisches Wörterbuch ist nützlich!

nützlich *adj* useful

Schule-Chat

Zum Thema: Schulfächer – eure Meinung!

☺	Hasad, 15 Jahre:	Ich mag Englisch, weil es nützlich ist. Viele Leute sprechen Englisch.
☺	Alex, 14 Jahre:	Ich mag Deutsch, weil es einfach ist. Dort habe ich keine Probleme.
☺	Lotte, 15 Jahre:	Ich mag Kunst, weil es interessant ist.
☺	Kathi, 14 Jahre:	Ich mag Erdkunde, weil es lustig ist. Die Lehrerin lacht viel mit uns.
☹	Lukas, 15 Jahre:	Ich mag Sport nicht, weil es anstrengend ist. Danach bin ich immer so müde.
☹	Brigitte, 14 Jahre:	Ich mag Französisch nicht, weil es schwierig ist. Dort habe ich immer Probleme.
☹	Nils, 14 Jahre:	Ich mag Biologie nicht, weil es langweilig ist. Ich schlafe immer ein!

HÖREN **4b** **Hör zu. Wer spricht? (1–7)**

Beispiel: 1 Kathi

HÖREN **5** **Hör zu. Wie finden sie die Fächer? Mach Notizen. (1–7)**

Beispiel: 1 Geschichte – langweilig

SPRECHEN **6** **Partnerarbeit. Schreib ein Adjektiv für jedes Fach für deinen Partner / deine Partnerin. Hast du richtig geraten?**

Beispiel: ▲ (Sam), magst du (Sport)?
● Ja, ich mag (Sport), weil es (einfach) ist. Magst du (Sport)?

	ich rate ...	Sam sagt ...
Sport	anstrengend	einfach

Magst du	Mathe/Deutsch/... ?		
Ja, ich mag ... ,	weil es	interessant/nützlich/einfach/lustig	ist.
Nein, ich mag ... nicht,		schwierig/langweilig/anstrengend	

Was schreibst du beim Schule-Chat? Schreib deine Meinung über deine Fächer auf.

Beispiel: Ich mag Englisch, weil es interessant ist. Ich mag Sport nicht, weil es anstrengend ist.

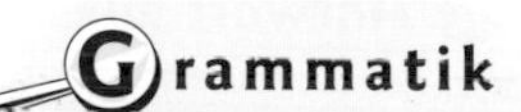

Grammatik

Word order after weil – verb to the end

Ich mag Deutsch, weil es einfach ist.
Ich mag Deutsch nicht, weil es schwierig ist.

Lern weiter ▶ 5.3, Seite 133

2 Deutsch ist interessanter als Englisch

Comparing your school subjects

HÖREN **1a** **Hör zu. Sind sie derselben Meinung wie im Schul-Web? (1–8)**
Beispiel: 1 Nein

Schul-Web

Bist du derselben Meinung? Wenn ja, klick an!

1. Deutsch ist interessanter als Englisch.
2. Biologie ist schwieriger als Sport.
3. Musik ist lustiger als Physik-Chemie.
4. Sport ist anstrengender als Kunst.
5. Französisch ist nützlicher als Religion.
6. Erdkunde ist einfacher als Geschichte.
7. Englisch ist langweiliger als Physik-Chemie.
8. Sport ist besser als Kunst.

Bist du derselben Meinung wie im Schul-Web? Schreib deine Meinung auf.
Beispiel: 1 Nein: Englisch ist interessanter als Deutsch.

Partnerarbeit.

Beispiel:
- ▲ (Deutsch) ist (interessanter) als (Englisch), nicht?
- ● (Nein, das stimmt nicht. Englisch) ist (interessanter) als (Deutsch).
- ▲ (Biologie) ist (schwieriger) als (Sport), nicht?
- ● (Ja, das stimmt. Biologie) ist (schwieriger) als (Sport).

Mathe/ … ist	interessanter/nützlicher/einfacher/lustiger/besser	als Sport/ … , nicht?
	schwieriger/langweiliger/anstrengender	
Ja, das stimmt. / Nein, das stimmt nicht.		

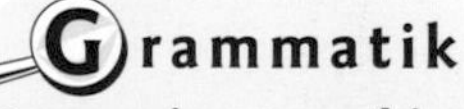

Comparing two things

interessant – interessant<u>er</u>
lustig – lustig<u>er</u>

Sport ist lustiger <u>als</u> Musik.

Pass auf:

gut – besser	lang – l<u>ä</u>ng<u>er</u>
groß – gr<u>ö</u>ß<u>er</u>	kurz – k<u>ü</u>rz<u>er</u>

Lern weiter ▶ 7.3, Seite 136

Wähl die richtige Antwort aus.
Beispiel: 1 kleiner

1. Ein Gramm ist größer/kleiner als ein Kilo.
2. Ein Kilometer ist länger/kürzer als eine Meile.
3. Ein Elefant ist größer/kleiner als eine Maus.
4. Frankreich ist größer/kleiner als England.

3 **Hör zu. Wie viele Prozent meinen das? (1–8)**
Beispiel: 1 67%

FÄCHERUMFRAGE

Vielen Dank für eure Antworten zu unserer Umfrage.
324 von euch haben mitgemacht. Hier sind eure Ergebnisse:

1 Geschichte ist das interessanteste Fach (67%)
2 Religion ist das langweiligste Fach (54%)
3 Sport ist das anstrengendste Fach (78%)
4 Englisch ist das nützlichste Fach (58%)
5 Mathe ist das schwierigste Fach (76%)
6 Kunst ist das einfachste und beste Fach (72%)
7 Sport ist das lustigste Fach (53%)

4a **Deine Meinung. Schreib für jedes unterstrichene Adjektiv oben einen Satz.**
Beispiel: 1 Deutsch ist das interessanteste Fach.

Grammatik
The most …

interessant – das interessanteste Fach
lustig – das lustigste Fach
langweilig – das langweiligste Fach
gut – das beste Fach

Lern weiter 7.4, Seite 136

4b **Partnerarbeit. Vergleicht eure Listen.**
Beispiel: ▲ (Deutsch) ist das (interessanteste) Fach, nicht?
● (Nein, das stimmt nicht. Physik-Chemie ist das interessanteste Fach.)
▲ O.K., aber (Englisch) ist das (nützlichste) Fach, nicht?
● (Ja, das stimmt.)

Sport/ …	ist das	beste/interessanteste/einfachste/nützlichste/lustigste	Fach, nicht?
		anstrengendste/langweiligste/schwierigste	

5 **Hör zu und wiederhole. So spricht man ä, ö und ü aus.**

ä, ä, ä … ö, ö, ö … ü, ü, ü! So wie länger und Engländerin, größer und Österreicher, kürzer und nützlicher … ä, ö, ü … ä, ö, ü … ä, ö, ü! Immer Umlaute üben!

3 Die Hausordnung

Talking about what you are not allowed to do at school

1a **Hör zu und lies.**

HAUSORDNUNG

Was darf man am Thomas-Mann-Gymnasium nicht machen? Folgendes:

1 Man darf nicht rauchen.

2 Man darf nicht skaten.

3 Man darf nicht im Gang rennen.

4 Man darf nicht im Klassenzimmer kauen.

5  Man darf kein Zungenpiercing haben.

6 Man darf niemanden hänseln oder ärgern.

7 Man darf nicht zu spät zur Schule kommen.

8  Man darf das Schulgelände nicht verlassen.

9  Man darf keine Drogen mit in die Schule bringen.

10  Man darf keinen Alkohol mit in die Schule bringen.

1b **Hör zu. Welche Punkte aus der Hausordnung nennen sie? (1–2)**

Beispiel: 1 2, 6, 9, …

2a **Welche Punkte oben findest du am wichtigsten? Schreib deine eigene Liste von eins (dem wichtigsten Punkt) bis zehn auf.**

Beispiel: 1 Man darf niemanden hänseln oder ärgern.
2 Man darf keine Drogen mit in die Schule bringen.

Grammatik

Talking about what you are not allowed to do

darf + verb to the end

Man darf nicht rauchen.
Man darf keine Drogen mit in die Schule bringen.

Lern weiter 3.5, Seite 127

2b **Partnerarbeit. Vergleicht eure Listen.**

Beispiel:
▲ Nummer eins. Was darf man in der Schule nicht machen?
● Man darf (niemanden hänseln oder ärgern). Was hast du?
▲ Man darf (nicht rauchen).
● O.K. Nummer zwei. Was darf man in der Schule nicht machen?

3 **Was ist deine ideale Hausordnung?**

Beispiel: Man darf skaten. Man darf fünfmal pro Woche zu spät zur Schule kommen.

Lies die E-Mail und ordne die Bilder.
Beispiel: e, …

Hallo Schwester!

Ach, Beatrix! Was für eine Woche! Am Montag habe ich den Wecker nicht gehört und ich bin um neun Uhr zur Schule gekommen. (Die Schule beginnt um acht Uhr!) Am Montagnachmittag habe ich Fußball gespielt. Danach war ich sehr müde, also habe ich am Abend nur ferngesehen und ich habe keine Hausaufgaben gemacht. Am Dienstag war mein Fahrrad kaputt, also bin ich mit dem Skateboard zur Schule gefahren. Das war total lustig, aber Herr Volpp, der Deutschlehrer, hat das gar nicht lustig gefunden. Am Mittwoch in der Pause bin ich schnell zum Supermarkt in der Hauptstraße gegangen, weil ich sehr hungrig war. Leider war Frau Keil, die Sportlehrerin, auch im Supermarkt. Wieder Krach! Am Donnerstag habe ich meine Schultasche in der Bibliothek vergessen. Ich musste schnell dorthin rennen. Leider war Frau Oelke, die Kunstlehrerin, im Gang. Tja! Am Freitag habe ich im Englischunterricht gekaut, weil es so langweilig war – und Herr Rogosch hat das gesehen. Heute ist Samstag und ich fahre mit Alex in die Stadt. Vielleicht kriegen wir beide ein Zungenpiercing! Ist das eine gute Idee?!!

Bis bald

Dein Bruder
Christopher

Keine Panik beim Lesen! Bild **a** ist ein Skateboard, also such dir schnell das Wort „Skateboard" im Text aus. Du musst nicht alle Wörter verstehen – nur die wichtigsten!

Beantworte folgende Fragen.
Beispiel: 1 Beatrix

1. Wie heißt Christophers Schwester?
2. Wann beginnt die Schule?
3. Wann hat Christopher Fußball gespielt?
4. Was hat er am Montagabend gemacht?
5. Wie ist er am Dienstag zur Schule gefahren?
6. Wer unterrichtet Deutsch?
7. Wer unterrichtet Sport?
8. Was unterrichet Frau Oelke?
9. Was unterrichtet Herr Rogosch?
10. Wohin fährt Christopher am Samstag?

Letzte Woche hattest du Probleme mit der Hausordnung! Schreib eine E-Mail wie oben und beschreib die Probleme, die du jeden Tag hattest.
Beispiel:
Am Montag bin ich mit dem Bus zur Schule gefahren, aber der Bus hatte Verspätung und ich bin spät zur Schule gekommen. Man darf nicht zu spät zur Schule kommen, also hatte ich ein Problem!

MINI-TEST

Check that you can:

- talk about why you like/dislike some subjects
- compare your school subjects
- talk about what you are not allowed to do at school

4 Nächstes Trimester

Talking about your plans for next term

Hör zu und wiederhole.

Schüler/innen machen Pläne für das nächste Trimester …

Nächstes Trimester werde ich pünktlich zur Schule kommen. Ich werde auch rechtzeitig Hausaufgaben machen.
Christopher

Ich werde bessere Noten bekommen. Ich werde auch viel Sport treiben.
Franziska

Imitiere die Personen auf der Kassette! Die Intonation – wie man die ganzen Sätze sagt – ist genauso wichtig wie die Aussprache – wie man jedes Wort ausspricht.

Nächstes Trimester werde ich mit dem Rad zur Schule fahren. Ich werde auch ein Instrument lernen.
Angela

Ich werde viel am Computer arbeiten. Ich werde auch niemanden ärgern.
Sven

Wer wird das nächstes Trimester machen?

Beispiel: a Franziska

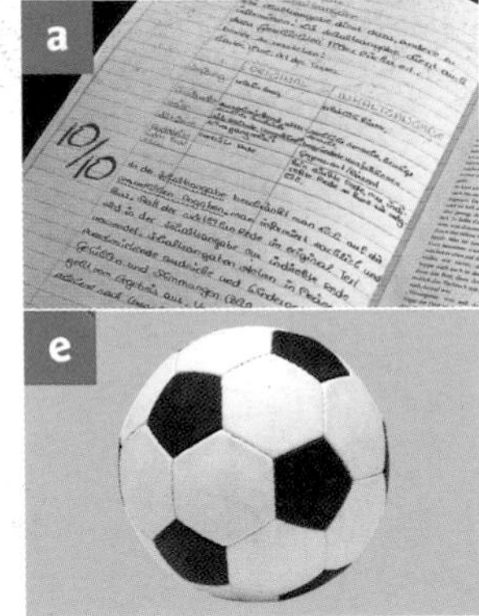

Partnerarbeit. Person A (▲) macht das Buch zu.

Beispiel:

▲ Was wirst du nächstes Trimester machen?

● Ich werde (bessere Noten bekommen).

▲ Das ist (Franziska).

● (Richtig.) (*Mach das Buch zu.*) Was wirst du nächstes Trimester machen?

Ich werde	pünktlich zur Schule	kommen.
	rechtzeitig Hausaufgaben	machen.
	bessere Noten	bekommen.
	viel Sport	treiben.
	mit dem Rad zur Schule	fahren.
	ein Instrument	lernen.
	viel am Computer	arbeiten.
	niemanden	ärgern.

HÖREN **2a** **Hör zu. Was werden sie nächstes Trimester machen? Mach Notizen. (1–4)**
Beispiel: 1 Computer, …

Was haben sie gesagt? Schreib Sätze auf.
Beispiel: 1 Ich werde viel am Computer arbeiten.

Lies den Artikel und beantworte die Fragen.
Beispiel: 1 Die Klasse 8R hat die Ideen gehabt.

1 Wer hat die Ideen gehabt?
2 Wo wird man alles lernen?
3 Was wird man im Zimmer haben?
4 Wo wird der Englischlehrer sein?
5 Wo wird der Französischlehrer sein?
6 Was wird man für den Sportunterricht brauchen?
7 Für welches Fach wird man Weltreisen machen?
8 Was wird es für den Deutschunterricht geben?

Die Klasse 8R hat interessante Ideen über die Schule der Zukunft gehabt. Hier sind einige:
In der Zukunft wird man gar nicht zur Schule kommen! Man wird alles zu Hause lernen. Jeder Schüler wird einen Computer im Zimmer haben. Man wird alles am Computer lernen. Man wird Englisch mit einem Lehrer aus England lernen. Man wird Französisch mit einem Lehrer aus Frankreich lernen. Sport wird man mit einem Fitnessvideo machen. In Erdkunde wird man virtuelle Weltreisen machen. In Physik-Chemie wird man zu Hause Experimente machen – das wird vielleicht manchmal gefährlich sein! Für Kunst wird man Computergrafiken machen und für den Deutschunterricht wird es viele Texte und Übungen am Computer geben.

Grammatik

Talking about the future: *werden* in second place, infinitive to the end

Was	wirst	du	nächstes Trimester	machen?
Ich	werde		bessere Noten	bekommen.
Nächstes Trimester	werde	ich	viel am Computer	arbeiten.
Man/Er/Sie	wird		zu Hause	lernen.

Lern weiter ▶ 4.3, Seite 132

Was sind deine Ideen für eine Schule der Zukunft? Schreib eine Präsentation.
Beispiel: In der Zukunft wird man keine Hausaufgaben machen. Man wird alles vom Internet lernen und man wird immer gute Noten bekommen. Man wird viel Schach am Computer spielen.

Wie sagt man „chess" auf Deutsch? Ich weiß es. Ich schau ins englisch-deutsche Wörterbuch!

Lies deine Präsentation in der Klasse vor und vergleiche sie mit deinen Mitschülern.

5 Unsere Schule, eure Schule

Comparing your school with a German school

HÖREN **1a** **Hör zu und wiederhole. Welcher Satz ist das? (1–10)**
Beispiel: 1 f

Thomas-Mann-Gymnasium – 10 wichtige Punkte:

a Wir stehen sehr früh auf.
b Wir fahren oft mit dem Rad zur Schule.
c Wir tragen keine Uniform.
d Unsere Schule beginnt gegen acht Uhr.
e Unsere Schule endet gegen Mittag.
f Wir essen zu Hause zu Mittag.
g Wir bleiben meistens im selben Klassenzimmer.
h Wir haben einige AGs in der Schule. (AG = Arbeitsgemeinschaft)
i Am Nachmittag haben wir frei.
j Wir haben manchmal samstags Schule.

4

5

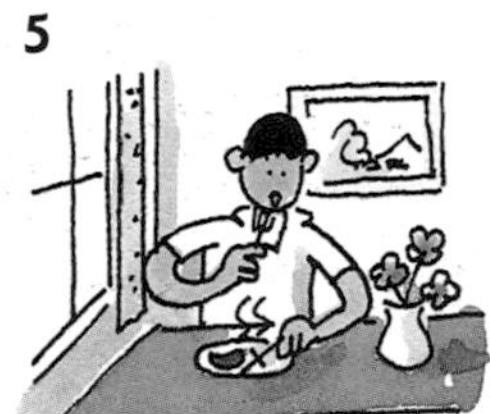

6

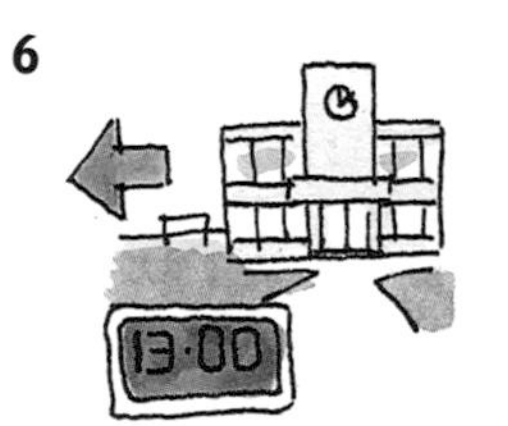

7

8

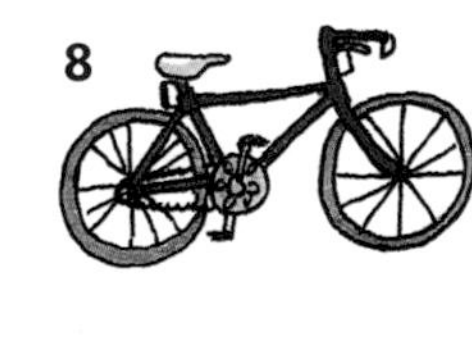

9

10

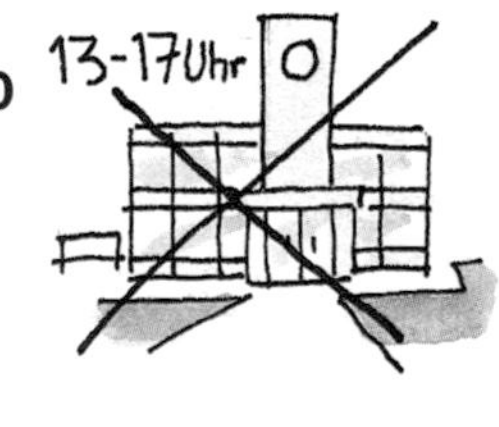

Was passt zusammen?
Beispiel: 1 d

HÖREN **2** **Hör zu. Gehen sie auf eine britische (B) oder eine deutsche (D) Schule? (1–12)**
Beispiel: 1 D

Wie ist deine Schule? Mach eine Tabelle.
Beispiel:

	T-M-Gymnasium	Unsere Schule
1	Sie stehen sehr früh auf.	Wir stehen nicht so früh auf.

nicht so früh

eine Uniform

gegen drei Uhr

mit dem Auto/Bus

gegen neun Uhr

in der Kantine

nicht

bleiben wir in der Schule

viele AGs

nie

Partnerarbeit. A (▲) ist Deutscher/Deutsche und B (●) ist Engländer/in.

Beispiel: ▲ Also, wir stehen (sehr) früh auf, weil unsere Schule um (acht Uhr) beginnt.
● Also, wir stehen (nicht so) früh auf. Unsere Schule beginnt um (neun Uhr).

Wir	stehen	sehr / nicht so	früh auf.
	fahren	oft mit dem Rad/Auto/Bus	zur Schule.
	tragen	keine/eine	Uniform.
	essen	zu Hause / in der Kantine	zu Mittag.
	bleiben	meistens/nicht	im selben Klassenzimmer.
	haben	einige/viele	AGs in der Schule.
	haben	manchmal/nie	samstags Schule.
Am Nachmittag	haben	wir frei.	
	bleiben	wir in der Schule.	
Unsere Schule	beginnt	um acht/neun Uhr.	
	endet	gegen Mittag / drei Uhr.	

Lies den Text und beantworte die Fragen.
Beispiel: 1 fünfzehn Jahre alt

1 Wie alt ist Mira?
2 Was für eine Schule besucht sie?
3 Wann endet die Schule?
4 Wo isst sie zu Mittag?
5 Wann hat sie normalen Unterricht?
6 Trägt sie am Donnerstag eine Uniform?
7 Was machen die Schüler am Freitag?
8 Warum liebt Mira ihre Schule?

Hallo! Ich heiße Mira Nikolowski und ich bin fünfzehn Jahre alt. Ich komme aus Polen, aber ich wohne mit meiner Mutter und meiner Schwester in Bremen, Deutschland. Seit drei Jahren gehe ich auf die Theaterschule in Bremen. Unsere Schule beginnt um acht Uhr und endet gegen fünf Uhr. Zu Mittag essen wir in der Kantine oder wir bringen Butterbrote von zu Hause mit. Von Montag bis Mittwoch haben wir normalen Unterricht, wie Deutsch, Englisch, Mathe usw. Wir bekommen Hausaufgaben und die müssen wir natürlich immer rechtzeitig machen. An diesen Tagen tragen wir eine Uniform – das ist ein grünes Sweatshirt und eine schwarze Hose oder ein schwarzer Rock. Am Donnerstag und am Freitag haben wir Theaterunterricht und wir tragen keine Uniform. Wir singen, tanzen, lesen Gedichte vor, lernen Instrumente und machen viel Theater. Ich liebe unsere Schule, weil sie die beste Schule der Welt ist!

Was ist deine ideale Schule? Eine Fußballschule? Eine Kochschule? Beschreib sie.

Beispiel:
Hallo! Ich heiße Tom Winterburn und ich bin vierzehn Jahre alt. Ich gehe auf die Zirkusschule in Schottland. Unsere Schule beginnt gegen Mittag und endet gegen zehn Uhr.

6 Wo ist die Bibliothek?

Directing somebody around your school

Sieh dir den Plan an. Was passt zusammen? Hör dann zu und überprüfe es.
Beispiel: 1 g

1 die Aula
2 das Lehrerzimmer
3 der Musiksaal
4 das Klassenzimmer
5 das Labor
6 die Bibliothek
7 das Sekretariat
8 der Computerraum
9 die Toilette
10 die Sporthalle

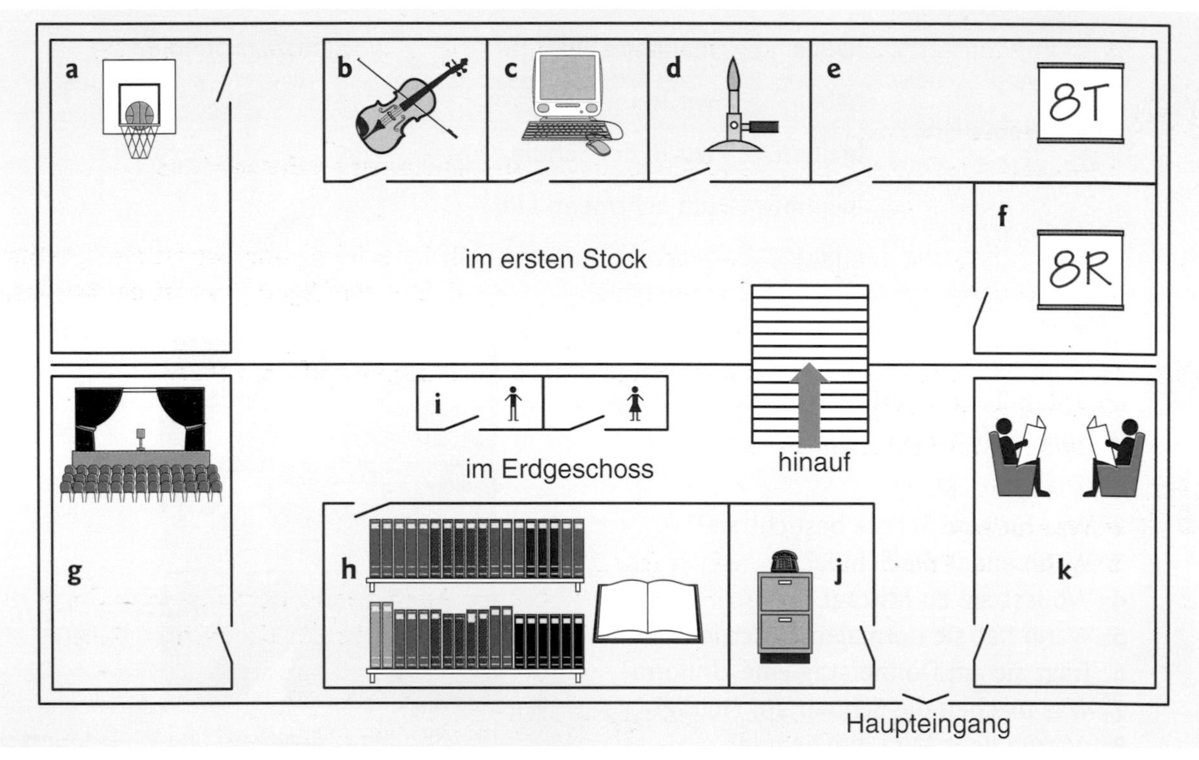

Partnerarbeit.
Beispiel: ▲ (Das Sekretariat) ist im (ersten Stock).
● (Falsch.) (Die Bibliothek) ist im (Erdgeschoss).

Was passt zusammen?
Beispiel: 1 g

1 Geh nach links.
2 Das ist auf der rechten Seite.
3 Geh die Treppen hinauf.
4 Geh nach rechts.
5 Das ist im ersten Stock.
6 Geh durch den Haupteingang.
7 Das ist auf der linken Seite.
8 Geh geradeaus.

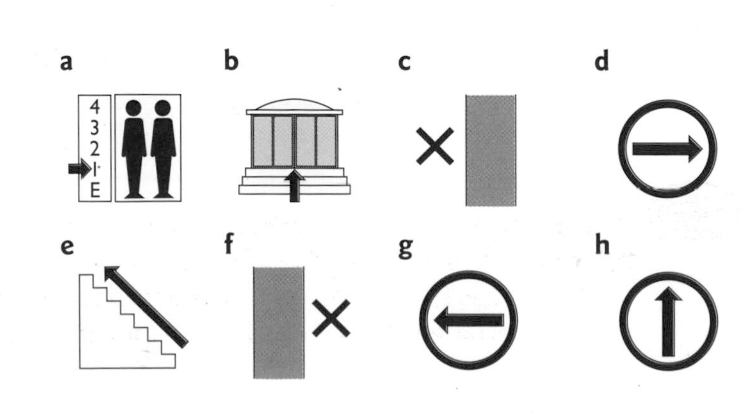

Hör zu. Welches Bild ist das? (1–8)
Beispiel: 1 c

Sieh dir den Plan auf Seite 34 an. Was hat man gefragt?
Beispiel: 1 Entschuldigung, wo ist das Klassenzimmer 8T?

1. Das ... ist im ersten Stock. Geh durch den Haupteingang und geh die Treppen hinauf. Das ... ist direkt dort.
2. Geh durch den Haupteingang und geh dann nach links. Geh geradeaus bis zum Ende und geh dann nach links. Die ... ist auf der rechten Seite.
3. Der ... ist im ersten Stock. Geh durch den Haupteingang und geh die Treppen hinauf. Geh dann nach links und geh geradeaus. Der ... ist auf der rechten Seite neben dem Computerraum.
4. Geh durch den Haupteingang und geh nach links. Die ... ist auf der rechten Seite.

Beantworte die Fragen.
Beispiel: **1** Geh durch den Haupteingang. Das Sekretariat ist im Erdgeschoss auf der linken Seite.

1. Entschuldigung, wo ist das Sekretariat?
2. Entschuldigung, wo ist der Computerraum?
3. Entschuldigung, wo ist die Sporthalle?
4. Entschuldigung, wo ist der Musiksaal?

Hör zu. Welches Zimmer ist das? Folge den Anweisungen auf dem Plan. Sind sie immer richtig? (1–6)
Beispiel: 1 das Lehrerzimmer ✔

Partnerarbeit.
Beispiel:
▲ Entschuldigung, wo ist (der Musiksaal)?
● (Der Musiksaal ist im ersten Stock. Geh durch den Haupteingang und geh die Treppen hinauf. Geh nach links. Der Musiksaal ist auf der rechten Seite.)

Entschuldigung, wo ist der/die/das ... ?	
Der/Die/Das ... ist	im ersten Stock.
	im Erdgeschoss.
Geh	durch den Haupteingang.
	die Treppen hinauf.
	nach rechts/links.
Der/Die/Das ... ist	auf der rechten/linken Seite.

Wie ist deine Schule? Beschreib sie für einen Besucher.
Beispiel: Unsere Schule ist ziemlich groß. Im Erdgeschoss gibt es die Aula, den Musiksaal, das Lehrerzimmer, das Sekretariat und einige Klassenzimmer. Die Kantine und der Computerraum sind im ersten Stock. Die Bibliothek ist im zweiten Stock.

7 Lehrerzeugnis

Lies das Zeugnis. Wer hat etwas Positives im Zeugnis?
Beispiel: Herr Thomas, ...

Deutsch: 	Dieses Trimester war Herr Thomas sehr langweilig. Seine Stunden waren langweiliger als letztes Trimester und seine Klassen haben nicht genug gelernt. Herr Thomas war auch sehr unpünktlich und ist oft zehn oder fünfzehn Minuten zu spät zum Unterricht gekommen. Das kann natürlich nicht so weitergehen. Nächstes Trimester müssen seine Stunden interessanter werden und er muss immer pünktlich im Klassenzimmer sein. Herr Thomas hat immer sehr ordentlich ausgesehen. Bravo, Herr Thomas!
Englisch: 	Frau White hat ein furchtbares Trimester gehabt. Ihr Hauptfehler war, sie hat die Hausaufgaben fast nie rechtzeitig zurückgegeben. Das ärgert die Schüler/innen und so kann es nicht weitergehen. Ihre Stunden waren auch einfacher als letztes Trimester, aber nicht sehr nützlich. Nächstes Trimester wird sie hoffentlich nicht so viel Zeit im Lehrerzimmer verbringen.
Sport: 	Sport ist nicht Frau Adibs Lieblingsfach. Sie kann nicht Fußball spielen, sie findet Leichtathletik sehr anstrengend und dieses Trimester war sie fast nie in der Sporthalle. Frau Adib raucht auch zu viel – hoffentlich wird sich das nächstes Trimester ändern. Frau Adib muss jetzt versuchen, fit zu werden und mehr Sport zu treiben.
Physik-Chemie: 	Dieses Trimester ist Frau Stribel immer zu spät ins Labor gekommen. Ihre Stunden waren interessanter als letztes Trimester, aber ihre Klassen haben schlechtere Noten bekommen. Frau Stribel hat dreimal Alkohol in die Schule mitgebracht und das darf man nicht machen. Frau Stribel kann sehr gut singen und sie hat im Schulchor mitgesungen - das finden wir sehr gut.
Musik: 	Leider ist Herr Weizmann nicht sehr musikalisch. Im Musiksaal hat es dieses Trimester zu oft Krach gegeben. Und wo war Herr Weizmann? Er hat das Schulgelände oft verlassen und die Klasse hat Kaugummi gekaut und Popmusik gehört. Nächstes Trimester wird Herr Weizmann hoffentlich ein Instrument lernen und in den Stunden richtig unterrichten.
Mathe: 	Die Schüler/innen haben Frau Roth sehr lustig gefunden, weil sie jeden Tag die gleiche Uniform getragen hat - einen blauen Pullover und eine weiße Hose. Ihre Stunden waren leider zu schwierig und sie ist oft im Gang gerannt, weil sie zu spät war. Das darf man in der Schule nicht machen. Frau Roth war meistens sehr hilfsbereit und hat vielen Schülern bei ihren Problemen geholfen.

LESEN 1b **Such dir Wörter und Sätze aus dem Zeugnis zu folgenden Stichpunkten aus.**

Beispiel:
Negatives: Dieses Trimester war Herr Thomas sehr langweilig.
Positives: Bravo, Herr Thomas!
Befehle: Das kann natürlich nicht so weitergehen.
Vorschläge: Nächstes Trimester müssen seine Stunden interessanter werden ...

1c **Beantworte die Fragen.**

Beispiel: 1 Frau Adib

1 Wer ist nicht sehr sportlich?
2 Wer ist musikalisch?
3 Was unterrichtet Frau Roth?
4 Was war Frau Whites Hauptfehler?
5 Was hat Herr Weizmann oft gemacht?
6 Wer ist immer zu spät gekommen?
7 Was hat Frau Roth Positives gemacht?
8 Was hat Frau Stribel gegen die Hausordnung gemacht?

2 **Hör zu und beantworte die Fragen über Frau Adibs Schultag.**

Beispiel: 1 acht Uhr

1 Wann ist Frau Adib gestern aufgestanden?
2 Was hat sie gefrühstückt?
3 Wie ist sie zur Schule gefahren?
4 Wann beginnt die Schule?
5 Was haben die Klassen gestern gemacht? (3 Sachen)
6 Warum war Frau Adib in der Pause froh?
7 Wie viele Stunden unterrichtet Frau Adib pro Tag?
8 Wann ist sie nach Hause gefahren?
9 Was hat sie zu Mittag gegessen?
10 Was hat sie am Nachmittag gemacht?
11 Was hat sie am Abend gemacht?

3 **Partnerarbeit. Person A (▲) ist Direktor/in, Person B (●) ist ein Lehrer / eine Lehrerin von Seite 36. Diskutiert das Zeugnis.**

Beispiel:
▲ Also, (Herr Thomas). Dieses Trimester waren Sie (sehr langweilig). Ist das richtig?
● (Aber, nein! Meine Stunden waren sehr interessant! Die Klassen haben alle viel Grammatik gelernt und viele Klassiker gelesen. Das war gar nicht langweilig, oder?)
▲ (Äh … nein. Aber die Klassen haben nicht genug gelernt. Stimmt das?)
● (Nein! Das stimmt gar nicht. Die Klassen haben viel gelernt. Sie haben viele Hausaufgaben gemacht und immer gute Noten bekommen.)
▲ (Herr Thomas, sind Sie immer pünktlich in die Klasse gekommen?)
● (Ach, nein. Leider bin ich ziemlich oft zu spät in die Klasse gekommen.)
▲ (Warum?)
● (Weil ich unpünktlich bin! …)

4 **Wie sind deine Lehrer/innen? Schreib ein Lehrerzeugnis für sie wie auf Seite 36.**

Beispiel: Dieses Trimester war …
… ist nicht Frau/Herr Xs Lieblingsfach. Er/Sie …
Die Klassen haben Herrn/Frau X sehr lustig/langweilig gefunden, weil …
Nächstes Trimester wird er/sie hoffentlich …

Lernzieltest Check that you can:

1	• ask a friend whether he/she likes a subject	*Magst du Mathe/Deutsch?*
	• say why you like a subject	*Ich mag Kunst, weil es einfach ist.*
	• say why you don't like a subject	*Ich mag Biologie nicht, weil es langweilig ist.*
2	• ask whether one subject is better / more … than another	*Deutsch ist besser/interessanter als Sport, nicht?*
	• agree/disagree	*Ja, das stimmt. Nein, das stimmt nicht. Sport ist besser als Deutsch.*
	• ask whether one subject is the best / most …	*Deutsch ist das beste Fach, nicht?*
	• agree/disagree	*Ja, das stimmt. Nein, das stimmt nicht. Sport ist das beste Fach.*
3	• ask what you aren't allowed to do at school	*Was darf man in der Schule nicht machen?*
	• say what you aren't allowed to do at school	*Man darf nicht skaten. Man darf keine Drogen mit in die Schule bringen.*
4	• ask a friend about his/her plans for next term	*Was wirst du nächstes Trimester machen?*
	• say what you plan to do next term	*Ich werde bessere Noten bekommen. Ich werde niemanden ärgern.*
5	• compare what you do at school with a German school	*Wir stehen nicht so früh auf. Sie tragen keine Uniform. Wir essen in der Kantine zu Mittag. Am Nachmittag haben sie frei.*
6	• say where certain rooms are	*Die Aula ist im Erdgeschoss. Der Computerraum ist im ersten Stock.*
	• ask where something is	*Entschuldigung, wo ist die Toilette?*
	• give directions	*Geh durch den Haupteingang und dann nach rechts. Die Toilette ist auf der rechten Seite.*

Wiederholung

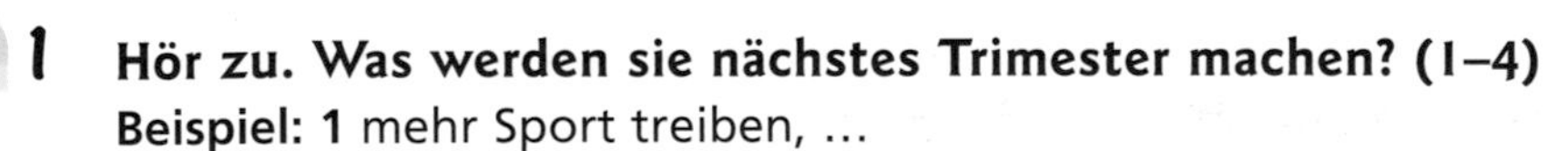

1 Hör zu. Was werden sie nächstes Trimester machen? (1–4)
Beispiel: **1** mehr Sport treiben, …

2 Partnerarbeit. Beschreibt eure Schule.
Beispiel: ▲ Entschuldigung, wo ist (die Toilette)?
● (Geh durch den Haupteingang und dann nach rechts. Die Toilette ist auf der rechten Seite neben der Bibliothek.)

3 Bereite eine Präsentation über deinen Tag gestern in der Schule vor.

Beispiel: Gestern bin ich um halb acht aufgestanden. Ich habe Müsli und Toast gegess
Um Viertel nach acht bin ich mit dem Bus zur Schule gefahren. Die erste Stunde war Englisch mit Frau Sampson. Das war ziemlich schlecht, weil Frau Sampson sehr langweilig war.

4a Ist das in der E-Mail? Ja oder nein?

Beispiel: a nein

a

b

c

d

e

f

Hallo Ellie,

vielen Dank für deine E-Mail. Jetzt wissen wir alles über unsere Hobbys! Heute werde ich dir ein bisschen über meine Schule erzählen – hoffentlich findest du das interessant! Meine Schule heißt die Bienen-Hauptschule und ich bin in der achten Klasse. Meine Lieblingsfächer sind Deutsch, Erdkunde und Englisch, weil ich darin immer gute Noten bekomme! Physik-Chemie mag ich gar nicht, weil es so schwierig ist. Unsere Schule beginnt um Viertel vor acht und endet um halb eins. Wir haben dazwischen eine kleine Pause. Wir tragen keine Uniform und wir essen meistens zu Hause zu Mittag. Ich fahre mit dem Rad zur Schule. Gestern Nachmittag habe ich meine Freundinnen in der Stadt getroffen und wir sind einkaufen gegangen. Dann bin ich wieder nach Hause gefahren und habe Hausaufgaben gemacht. Das mache ich jeden Nachmittag – langweilig! Nächstes Trimester werde ich hoffentlich mit dem Schulaustausch nach England kommen. Dann werde ich eine Woche in deiner Schule verbringen! Wie ist deine Schule? Ist sie wie meine?

Schreib bald!
Deine Judith

4b Lies die E-Mail und beantworte die Fragen.

Beispiel: **1** Sie ist in der achten Klasse.

1. In welcher Klasse ist Judith?
2. Welches Fach findet sie schwierig?
3. Wann beginnt die Schule?
4. Wann endet die Schule?
5. Trägt Judith eine Uniform?
6. Wo isst sie zu Mittag?
7. Wie fährt Judith zur Schule?
8. Was macht sie am Nachmittag?

5 Schreib eine E-Mail an Judith. Beantworte ihre Fragen.

School subjects

[illegible]	*Do you like ...*
[illegible]	*biology?*
[illegible]	*German?*
E[illegible]?	*English?*
Erdkunde?	*geography?*
Französisch?	*French?*
Geschichte?	*history?*
Kunst?	*art?*
Mathe?	*maths?*
Musik?	*music?*
Physik-Chemie?	*physics/chemistry?*
Religion?	*religious studies?*
Sport?	*sport?*
Ja, ich mag (Kunst), weil es (einfach) ist.	*Yes, I like (art) because it's (easy).*
einfach	*easy*
interessant	*interesting*
nützlich	*useful*
Nein, ich mag (Sport) nicht, weil es (anstrengend) ist.	*No, I don't like (sport) because it's (tiring).*
anstrengend	*tiring*
schwierig	*difficult*
langweilig	*boring*

Fächervergleich / *Comparing school subjects*

Fächervergleich	*Comparing school subjects*
Deutsch ist (besser) als Biologie, nicht?	*German is (better) than biology, isn't it?*
anstrengender	*more tiring*
besser	*better*
einfacher	*easier*
interessanter	*more interesting*
langweiliger	*more boring*
nützlicher	*more useful*
schwieriger	*more difficult*
Deutsch ist (das beste) Fach.	*German is (the best) subject.*
das anstrengendste	*the most tiring*
das beste	*the best*
das einfachste	*the easiest*
das interessanteste	*the most interesting*
das langweiligste	*the most boring*
das nützlichste	*the most useful*
das schwierigste	*the most difficult*
Ja, das stimmt.	*Yes, that's right.*
Nein, das stimmt nicht.	*No, that's not right.*

Die Hausordnung / *School rules*

Die Hausordnung	*School rules*
Was darf man an der Schule nicht machen?	*What aren't you allowed to do at school?*
Man darf nicht rauchen.	*You aren't allowed to smoke.*
Man darf nicht im Gang rennen.	*You aren't allowed to run in the corridor.*
Man darf nicht im Klassenzimmer kauen.	*You aren't allowed to chew gum in the classroom.*
Man darf nicht spät zur Schule kommen.	*You aren't allowed to come late to school.*
Man darf das Schulgelände nicht verlassen.	*You aren't allowed to leave the school area.*
Man darf niemanden hänseln oder ärgern.	*You aren't allowed to bully anybody.*
Man darf kein Zungenpiercing haben.	*You aren't allowed to have your tongue pierced.*
Man darf keine Drogen mit in die Schule bringen.	*You aren't allowed to bring any drugs into school.*
Man darf keinen Alkohol mit in die Schule bringen.	*You aren't allowed to bring alcohol into school.*

Nächstes Trimester / *Next term*

Nächstes Trimester	*Next term*
Was wirst du nächstes Trimester machen?	*What will you do next term?*
Ich werde pünktlich zur Schule kommen.	*I will get to school on time.*
Ich werde rechtzeitig Hausaufgaben machen.	*I will do my homework on time.*
Ich werde bessere Noten bekommen.	*I will get better marks.*

Ich werde viel Sport treiben.	*I will do a lot of sport.*
Ich werde mit dem Rad zur Schule fahren.	*I will cycle to school.*
Ich werde ein Instrument lernen.	*I will learn an instrument.*
Ich werde viel am Computer arbeiten.	*I will work on the computer a lot.*
Ich werde niemanden ärgern.	*I won't annoy anybody.*
Wir haben nie samstags Schule.	*We never have school on Saturday.*
Unsere Schule beginnt gegen acht Uhr.	*Our school begins around eight o'clock.*
Unsere Schule endet gegen Mittag.	*Our school ends around midday.*
Am Nachmittag haben wir frei.	*We're free in the afternoon.*
Am Nachmittag bleiben wir in der Schule.	*In the afternoon we stay at school.*

Unser Schultag	***A day at school***
Wir fahren oft mit dem (Rad) zur Schule.	*We often go by (bike) to school.*
mit dem Rad	*by bike*
mit dem Auto	*by car*
mit dem Bus	*by bus*
Wir tragen eine Uniform.	*We wear a school uniform.*
Wir tragen keine Uniform.	*We don't wear a uniform.*
Wir essen zu Hause zu Mittag.	*We eat lunch at home.*
Wir essen in der Kantine zu Mittag.	*We eat lunch in the canteen.*
Wir bleiben meistens im selben Klassenzimmer.	*We mostly stay in the same classroom.*
Wir bleiben nicht im selben Klassenzimmer.	*We don't stay in the same classrooom.*
Wir haben einige AGs in der Schule.	*We have a few school clubs.*
Wir haben viele AGs in der Schule.	*We have a lot of school clubs.*
Wir haben manchmal samstags Schule.	*We sometimes have school on Saturday.*

Das Schulgebäude	***The school building***
Entschuldigung, wo ist ...	*Excuse me, where is ...*
der Computerraum?	*the computer room?*
der Musiksaal?	*the music room?*
die Aula?	*the hall?*
die Bibliothek?	*the library?*
die Sporthalle?	*the sports hall?*
die Toilette?	*the toilet?*
das Klassenzimmer?	*the classroom?*
das Labor?	*the science lab?*
das Lehrerzimmer?	*the staff room*
das Sekretariat?	*the office?*
Im ersten Stock.	*On the first floor.*
Im Erdgeschoss.	*On the ground floor.*
Geh durch den Haupteingang.	*Go through the main door.*
Geh die Treppen hinauf.	*Go up the stairs.*
Geh nach rechts.	*Go right.*
Geh nach links.	*Go left.*
auf der rechten Seite	*on the right-hand side*
auf der linken Seite	*on the left-hand side*
Vielen Dank.	*Thank you.*
Bitte sehr.	*You're welcome.*

3 Österreich und die Umwelt

1 Österreich für alle

Talking about why people visit Austria

HÖREN **1a** **Hör zu. Welches Bild ist das? (1–8)**
Beispiel: 1 g

Warum fahren Sie nach Österreich?

a

Ich fahre dahin, um Ski zu fahren.

b

Ich fahre dahin, um Wassersport zu treiben.

c

Ich fahre dahin, um wandern zu gehen.

d

Ich fahre dahin, um Salzburg zu besichtigen.

e

Ich fahre dahin, um Deutsch zu lernen.

f

Ich fahre dahin, um Freunde zu besuchen.

g

Ich fahre dahin, um im See zu baden.

h

Ich fahre dahin, um die frische Luft zu genießen.

Partnerarbeit. Ergänzt eure Sätze.
Beispiel: ▲ Ich fahre nach Österreich, um (Ski ...)
● zu (fahren). Ich fahre nach Österreich, um (Deutsch ...)
▲ zu (lernen).

Hör zu. Schreib die Tabelle ab und füll sie aus. (1–6)

	Wohin?	Warum?
1	Gmunden	Wassersport

Schreib Sätze über die Leute aus Übung 2a.
Beispiel: Person 1 fährt nach Gmunden, um Wassersport zu treiben.

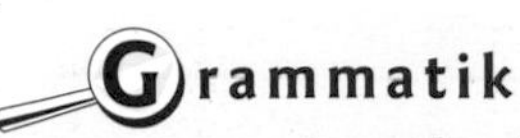

***um ... zu* – in order to**

Ich fahre nach Österreich, <u>um</u> Deutsch <u>zu lernen</u>.
Er fährt nach Österreich, <u>um</u> Ski <u>zu fahren</u>.

Lern weiter ▶ 5.4, Seite 133

Hast du Probleme mit der neuen Grammatik? Dann sieh dir die Grammatik auf Seite 133 an. Mach die Übungen und lies die Erklärung – so wird dein Deutsch besser!

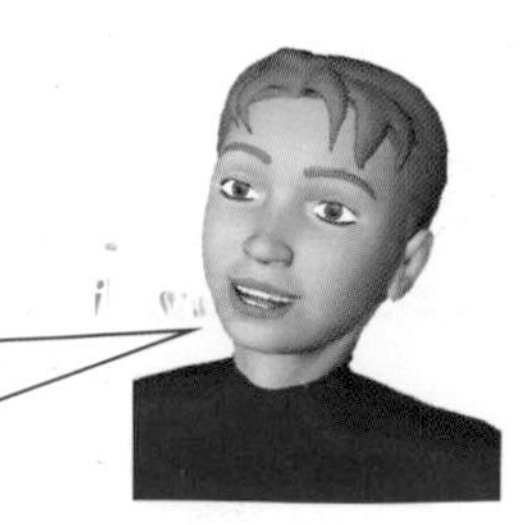

3a Gruppenarbeit. Wähl einen Grund auf Seite 42 aus. Wer hat denselben Grund wie du?

Beispiel:
▲ (Paul), warum fährst du nach Österreich?
● Ich fahre nach Österreich, um (wandern) zu (gehen). Und du?
▲ Ach, ich fahre nach Österreich, um (Ski) zu (fahren). (Rachel), warum fährst du nach Österreich?

	Ski		fahren.
	wandern		gehen.
	Salzburg		besichtigen.
Ich fahre nach Österreich, um	Freunde	zu	besuchen.
	Deutsch		lernen.
	im See		baden.
	die frische Luft		genießen.

Schokolade essen

Kaffee trinken

Mountainbike fahren

3b Schreib deine Resultate auf.

Beispiel: Jane, Tom und David fahren nach Österreich, um Ski zu fahren. Jo fährt nach Österreich, um Deutsch zu lernen. …

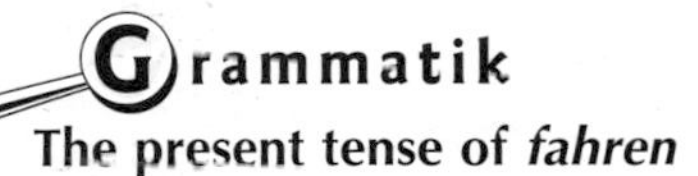

Grammatik

The present tense of *fahren*

ich	fahre
du	fährst
er/sie/es	fährt
wir	fahren
ihr	fahrt
sie/Sie	fahren

Lern weiter ▶ 3.2, Seite 126

4a Lies den Text. Richtig oder falsch?

Beispiel: 1 Richtig

1 Rico kommt aus Österreich.
2 Wien und Graz sind Städte in Österreich.
3 In Österreich spricht man Französisch.
4 Österreich ist ein großes Land.
5 Im Winter geht Rico wandern.
6 Im Sommer ist es windig.
7 In Österreich kann man Ski fahren.
8 Rico findet Österreich langweilig.

Hallo! Ich heiße Rico und ich bin fünfzehn Jahre alt. Ich bin Österreicher und ich wohne in der Nähe von Graz in Österreich. Österreich liegt in Europa und die Hauptstadt heißt Wien. In Österreich spricht man Deutsch. Österreich ist ein kleines Land und ungefähr acht Millionen Leute wohnen hier. Im Winter schneit es oft – dann fahre ich Ski. Im Sommer ist es heiß und sonnig – dann gehe ich schwimmen. Viele Touristen kommen nach Österreich, um Ski zu fahren, die frische Luft zu genießen und wandern zu gehen. Ich liebe Österreich, weil es so schön ist.

4b Schreib Ricos Text am Computer. Ändere dann die unterstrichenen Wörter für dich. Ist dein Land wie Österreich?

Beispiel: Hallo! Ich heiße Fred und ich bin vierzehn Jahre alt. …

Schreib deinen Text am Computer! Korrigiere ihn dann und mach eine Kopie für dein Deutschheft.

2 Österreich bei jedem Wetter

Talking about what you can do in all weathers

Wer sagt das?
Beispiel: 1 Jana

1 Wenn es schneit, gehe ich Eis laufen.
2 Wenn es regnet, gehe ich ins Kino.
3 Wenn es heiß ist, spiele ich Fußball.
4 Wenn es regnet, gehe ich ins Hallenbad.
5 Wenn es schön ist, mache ich eine Radtour.
6 Wenn es schneit, fahre ich Ski.
7 Wenn es schön ist, spiele ich Tennis.
8 Wenn es regnet, gehe ich einkaufen.
9 Wenn es schneit, bleibe ich zu Hause.
10 Wenn es schön ist, gehe ich wandern.
11 Wenn es heiß ist, faulenze ich draußen.
12 Wenn es heiß ist, bade ich im See.

	Jana	**Rico**	**Annabel**

Hör zu. Wer spricht? (1–12)
Beispiel: 1 Annabel

Partnerarbeit.
Beispiel:
▲ (Annabel), was machst du, wenn es (heiß ist)?
● Wenn es (heiß ist, faulenze ich draußen. Rico), was machst du, wenn es (schneit)?

<table>
<tr><td colspan="2" rowspan="2">Was machst du, wenn es</td><td colspan="3">schneit/regnet?</td></tr>
<tr><td colspan="3">heiß/schön ist?</td></tr>
<tr><td rowspan="9">Wenn es</td><td>schneit,</td><td>fahre</td><td rowspan="9">ich</td><td>Ski.</td></tr>
<tr><td rowspan="3">regnet,</td><td rowspan="2">gehe</td><td>ins Kino/Hallenbad.</td></tr>
<tr><td>einkaufen / Eis laufen.</td></tr>
<tr><td>bleibe</td><td>zu Hause.</td></tr>
<tr><td rowspan="5">heiß/schön ist,</td><td>faulenze</td><td>draußen.</td></tr>
<tr><td>bade</td><td>im See./ In der See</td></tr>
<tr><td>mache</td><td>eine Radtour.</td></tr>
<tr><td>gehe</td><td>wandern.</td></tr>
<tr><td>spiele</td><td>Tennis/Fußball.</td></tr>
</table>

Wähl die richtige Antwort aus.

Beispiel: 1 Wenn es kalt ist, trägt man einen Pulli.

1 Wenn es kalt ist, trägt man ein T-Shirt / einen Pulli / Sportschuhe.
2 Wenn es regnet, braucht man einen Regenschirm / einen Kuli / ein Geschenk.
3 Wenn es sonnig ist, braucht man eine Jacke / einen Teller / eine Sonnenbrille.
4 Wenn es heiß ist, geht man baden / Eis laufen / ins Kino.
5 Wenn es schneit, fährt man mit dem Rad / Ski / in die Stadt.
6 Wenn es windig ist, geht man wandern / ins Hallenbad / windsurfen.
7 Wenn man sehr hungrig ist, isst man Hamburger mit Pommes / einen Apfel / nichts.
8 Wenn man nach Österreich fährt, spricht man Italienisch/Deutsch/Englisch.

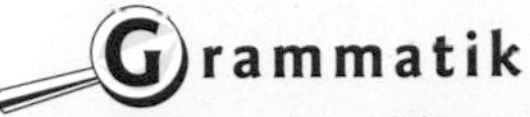

wenn **– 'when/if' + verb to the end**

Was machst du, wenn es schneit?
Was machst du, wenn es heiß ist?

		verb	*comma*	*verb*	
Wenn es		regnet	,	bleibe	ich zu Hause.
Wenn es	kalt	ist	,	trage	ich eine Jacke.

Lern weiter 5.3, Seite 132–3

Mach Notizen! Schreib nur schnell und kurz auf. Du hörst „wenn es kalt ist, ...". Du schreibst nur: „kalt".

Hör zu und mach Notizen. (1–4)

Beispiel: 1 kalt – zu Hause – langweilig

Was sagen diese Leute? Schreib Sätze.

Beispiel: a Wenn es heiß ist, bleibe ich zu Hause.

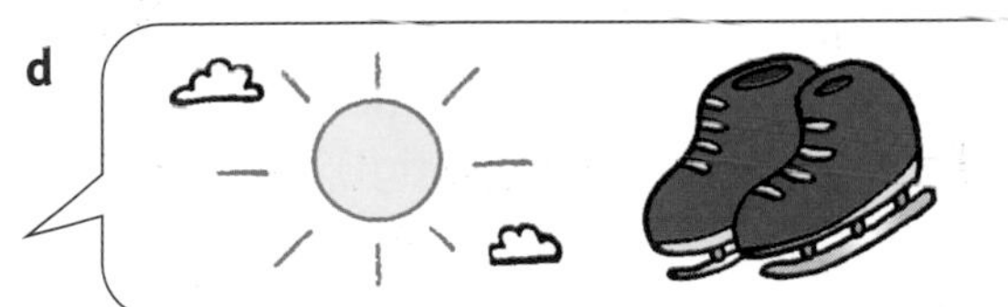

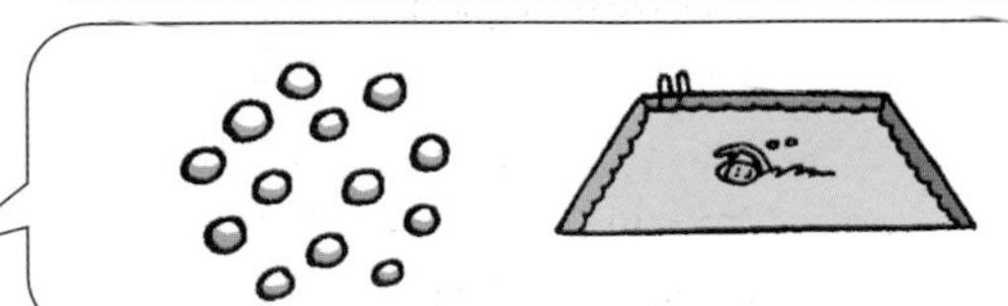

Schreib Unsinnsätze.

Beispiel: 1 Wenn es schneit, bade ich im See.

1 Was machst du, wenn es schneit?
2 Was machst du, wenn es sonnig ist?
3 Was machst du, wenn es heiß ist?
4 Was machst du, wenn es regnet?

3 Eine Woche in Salzburg

Talking about what people did on a visit

HÖREN **1a** **Hör zu und lies.**

Letzte Woche waren Rico und Annabel in Salzburg. Sie haben vieles gemacht ...

Am Montag haben sie eine Stadtrundfahrt gemacht.

Am Dienstag haben sie die Festung besichtigt.

Am Mittwoch sind sie einkaufen gegangen.

Am Donnerstag sind sie mit dem Zug nach München gefahren.

Am Freitag sind sie in die Berge gefahren.

Am Samstag hat es geregnet und sie sind ins Museum gegangen.

Am Sonntag sind sie mit dem Rad zum Hallenbad gefahren.

Partnerarbeit: Frage und Antwort. Person B (●) macht das Buch zu.

Beispiel: ▲ Was haben Annabel und Rico am (Mittwoch) gemacht?
● (Am Mittwoch sind sie einkaufen gegangen.)
▲ (Richtig!) Was haben sie am (Samstag) gemacht?

Am Montag/...	haben sie	eine Stadtrundfahrt gemacht.
		die Festung besichtigt.
	sind sie	einkaufen / ins Museum gegangen.
		mit dem Zug nach München gefahren.
		in die Berge gefahren.
		mit dem Rad zum Hallenbad gefahren.

Word order

time	verb 2nd		manner	place	past participle
Am Donnerstag	sind	sie	mit dem Zug	nach München	gefahren.
Am Sonntag	sind	sie	mit dem Rad	zum Hallenbad	gefahren.

Lern weiter ▶ 5.5, Seite 134

2 Hör zu. Was haben Otto und seine Freunde letzte Woche gemacht? Korrigiere die Sätze.

Beispiel: 1 Ski gefahren

1 Am Montag sind sie mit dem Rad gefahren und es war anstrengend.
2 Am Mittwoch haben sie die Festung besichtigt und es war sehr interessant.
3 Am Sonntag sind sie nach München gefahren und das war toll.
4 Am Donnerstag sind sie einkaufen gegangen, aber es war langweilig.
5 Am Dienstag sind sie mit dem Zug nach Innsbruck gefahren.
6 Am Freitag sind sie ins Museum gegangen. Das war nicht interessant.

3a Lies Janas Tagebuch. An welchem Tag war das?

Beispiel: a am Mittwoch

a 

b 

c 

d 

e 

f 

Mo. Heute sind wir mit dem Bus nach Graz gefahren. Es war sehr kalt und windig. Graz war langweilig. Ich habe mit Peter gesprochen. Er ist sehr nett.

Di. Heute sind wir in die Berge gefahren. Es war sehr nass und wir sind wandern gegangen. Peter hat eine sportliche Regenjacke getragen.

Mi. Heute sind wir einkaufen gegangen. Peter hat ein Geschenk für seine Schwester gekauft.

Do. Heute haben wir eine Stadtrundfahrt gemacht. Peter hat viel mit Marie geplaudert.

Fr. Heute sind wir in die Disco gegangen. Marie war nicht da, weil sie krank war. Ich habe mit Peter getanzt. Er sieht so gut aus!

Sa. Heute sind wir mit dem Zug nach Hause gefahren. Peters „Schwester" war am Hauptbahnhof. Er hat ihr das Geschenk gegeben. Sie hat ihn geküsst. Leider ist sie nicht seine Schwester. Sie ist seine Freundin!

3b Beantworte die Fragen.

Beispiel: 1 am Dienstag

1 Wann ist Jana in die Berge gefahren?
2 Wie ist Peter?
3 Was hat Peter am Mittwoch gekauft?
4 Wohin ist Jana am Freitag gegangen?
5 Warum ist Marie nicht dorthin gegangen?
6 Wer hat Peter am Bahnhof getroffen?

4 Du hast eine Woche in Salzburg verbracht. Beschreib die Woche.

Beispiel: Am Montag sind wir mit dem Zug in die Berge gefahren. Es war sehr kalt und windig und wir sind wandern gegangen. Das war schrecklich, weil ich keine Regenjacke hatte. Am Abend hatte ich Ohrenschmerzen …

MINI-TEST

Check that you can:

- talk about why people visit Austria
- talk about what you can do in all weathers
- talk about what people did on a visit

4 Stadt oder Dorf?

Talking about where you live

Hör zu und lies.
Welches Foto gehört wem?

Grüß dich! Ich heiße Annabel und ich wohne in Salzburg. Es gefällt mir hier sehr, weil viel los ist. Es gefällt mir auch, weil es gute Verkehrsverbindungen gibt.

Hallo! Ich heiße Jana und ich wohne in einem Dorf in den Bergen. Es gefällt mir hier, weil die Luft so sauber ist. Ich habe viele Freunde hier und im Winter fahre ich Ski.

Servus! Ich bin Rico und ich wohne auf dem Land. Es gefällt mir hier nicht, weil nichts los ist. Es gibt keine Cafés, keine Kinos, keine Geschäfte und keine Sportmöglichkeiten. Die Verkehrsverbindungen sind auch furchtbar.

Ist das Jana, Annabel oder Rico?

Beispiel: 1 Rico

1 Hier gibt es nichts für junge Leute.
2 Hier kann man die frische Luft genießen.
3 Touristen kommen hierher, um Ski zu fahren.
4 Wir haben viele Busse, Züge und Straßenbahnen.
5 Hier kann man nicht einkaufen gehen.
6 Hier ist viel los.
7 Hier gibt es kein Hallenbad und keine Tennisplätze.

Was passt zusammen?

Beispiel: Es gefällt mir hier, weil ich viele Freunde hier habe.

Es gefällt mir hier, ...

Es gefällt mir hier nicht, ...

1 weil ich viele Freunde hier habe.
2 weil die Luft sehr verschmutzt ist.
3 weil es viele Cafés und Geschäfte gibt.
4 weil nichts los ist.
5 weil es langweilig ist.
6 weil ich keine Freunde hier habe.

Wie ist dein Wohnort? Hast du noch weitere Ideen?

Beispiel: Es gefällt mir hier, weil es ein Hallenbad gibt. Es gefällt mir hier nicht, weil die Geschäfte sehr altmodisch und teuer sind. ...

3 **Hör zu. Schreib die Tabelle ab und füll sie aus. (1–4)**

Wohnort	☺	☹	Warum?
1 Graz	✔		viel los, Geschäfte

4 **Partnerarbeit.**

Beispiel:
- ▲ Wo wohnst du, (Elisa)?
- ● Ich wohne (auf dem Land).
- ▲ (Ach, schön!) Gefällt es dir dort?
- ● (Ja, es gefällt mir dort sehr gut.)
- ▲ Warum denn?
- ● Weil (die Luft so sauber ist).
- ▲ Und hast du viele Freunde dort?

Gibt es gute Verkehrsverbindungen und Sportmöglichkeiten?

Hast du viele Freunde dort?

Gefällt es dir dort?

Wo wohnst du?

Wie ist die Luft?

Ist dort viel los?

Gibt es viele Cafés, Kinos und Geschäfte?

Elisa **Michael** **Bianca** **Daniel**

Ja, es gefällt mir,	weil	es gute Verkehrsverbindungen/Sportmöglichkeiten gibt.
		die Luft so sauber ist.
		viel los ist.
		ich viele Freunde hier habe.
		es viele Cafés, Geschäfte und Kinos gibt.
Nein, es gefällt mir nicht,	weil	es keine/schlechte Verkehrsverbindungen/ Sportmöglichkeiten gibt.
		die Luft so verschmutzt ist.
		nichts los ist.
		ich keine Freunde hier habe.
		es keine Cafés, Geschäfte und Kinos gibt.

5 **Schreib am Computer eine Präsentation über deinen Wohnort.**

Beispiel: Hallo. Ich heiße Oliver und ich wohne in einem Dorf auf dem Land. Es gefällt mir hier, weil die Luft sauber ist. Ich habe viele Freunde hier. Leider gibt es aber kein Kino. …

5 Umwelt-Aktionen

Talking about what you should do to help the environment
Talking about what you do to help the environment

1a Hör zu und wiederhole. Welches Bild ist das? (1–6)
Beispiel: 1 c

Was sollte man für die Umwelt tun?
a Man sollte Wasser sparen.
b Man sollte Energie sparen.
c Man sollte mit dem Rad fahren.
d Man sollte Müll trennen.
e Man sollte umweltfreundliche Produkte kaufen.
f Man sollte alles Mögliche kompostieren.
RESTMÜLL
LITTER
RIFIUTI
KUNSTSTOFF
PLASTIC
PLASTICO
DOSEN
CANS
Frosch
Frosch

1b Partnerarbeit.

Beispiel:
- ▲ Was sollte man für die Umwelt tun?
- ● Man sollte (Energie sparen).
- ▲ Das ist Bild (b). Machst du das?
- ● (Ja, manchmal.) Was sollte man für die Umwelt tun?

Grammatik

Talking about what you should do

Man sollte + infinitive to the end:

Man sollte Müll trennen.
Man sollte umweltfreundliche Produkte kaufen.

Lern weiter 3.5, Seite 127

2 Mach ein Umweltposter.
Beispiel:

1 MAN SOLLTE MIT DEM BUS FAHREN. ES IST BESSER, WENN MAN MIT DEM BUS FÄHRT. AUTOFAHREN IST NICHT GUT FÜR DIE UMWELT.

2 MAN SOLLTE KÜCHENABFALL KOMPOSTIEREN. WENN WIR ALLES MÖGLICHE KOMPOSTIEREN, HELFEN WIR DER UMWELT.

Lies den Artikel. Wer ist nicht sehr umweltfreundlich?

Was tust du für die Umwelt?

JANA:
Die Umwelt ist mir sehr wichtig und ich tue alles Mögliche dafür. Ich kaufe umweltfreundliche Produkte, wie Schulhefte, Klopapier und Kleidung. Wir haben einen Komposthaufen im Garten und ich sammle alte Gemüsereste und Gartenmüll dafür. Ich werfe nicht viel weg. Natürlich trenne ich auch Müll.

ANNABEL:
Die Umwelt interessiert mich nicht so sehr. Ich trenne Müll, weil das halt jeder macht, aber das ist alles. Ich spare keine Energie und ich fahre nie mit dem Rad. Vielleicht sollte ich mich ein bisschen mehr für die Umwelt interessieren, aber irgendwie schaffe ich das nie.

RICO:
Ich bin sehr umweltfreundlich! Ich fahre immer mit dem Rad (also, wenn es nicht schneit!) und ich spare Wasser, weil ich mich dusche. Ich versuche auch, zu Hause und in der Schule Energie zu sparen – zum Beispiel mache ich immer die Tür zu und ich mache auch dauernd das Licht aus. Ich trenne Müll und ich kaufe auch wo möglich umweltfreundliche Produkte, wie Schreibpapier, Kleidung und Lebensmittel.

Was tun Jana, Annabel und Rico für die Umwelt? Schreib Sätze.
Beispiel: Jana und Rico kaufen umweltfreundliche Produkte ...

The present tense

ich	spare	kaufe	kompostiere	trenne	fahre
du	sparst	kaufst	kompostierst	trennst	fährst
er/sie	spart	kauft	kompostiert	trennt	fährt
wir	sparen	kaufen	kompostieren	trennen	fahren
ihr	spart	kauft	kompostiert	trennt	fahrt
sie/Sie	sparen	kaufen	kompostieren	trennen	fahren

Lern weiter 3.1, 3.2, Seite 126

In Österreich und Deutschland trennt fast jeder Müll. Man wirft fast nichts weg, weil man fast alles recyclen kann.

Hör zu und mach Notizen. Wer ist die umweltfreundlichste Person? (1–4)
Beispiel: 1 Müll trennen, Energie sparen

Gruppenarbeit. Wie umweltfreundlich ist eure Klasse? Macht eine Umfrage.
Beispiel:

- ▲ Was machst du für die Umwelt, (Alex)?
- ● Ich (spare Energie) und ich (trenne Müll).
- ▲ Ist das alles?
- ● (Ja, die Umwelt interessiert mich nicht so sehr.) Was machst du denn für die Umwelt?

	Müll	Energie	Wasser	Kompost	Rad	Produkte
Alex	✓	✓				

Was machst du für die Umwelt? Schreib einen kurzen Text.

6 Sehr geehrte Damen und Herren

Writing a letter to a tourist office

Lies den Brief. Welche Familie möchte nach Gmunden fahren?

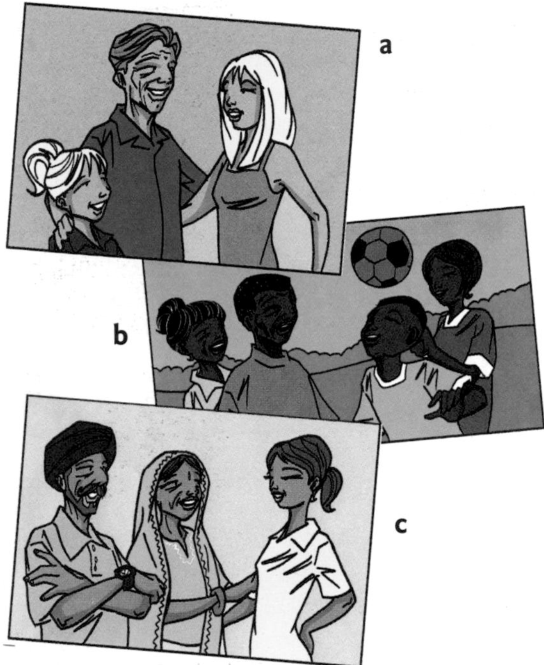

23 Rowan Avenue
Teddington
Middlesex
TW11 7TR
England

Verkehrsamt Gmunden
Am Graben 2
A-4810

Teddington, den 4. Februar

Sehr geehrte Damen und Herren,

ich möchte meinen Urlaub gern in Gmunden verbringen und suche eine Ferienwohnung für die Zeit vom 12. August bis 19. August. Wir sind vier in der Gruppe – zwei Erwachsene und zwei Kinder (12 und 16 Jahre alt).

Ich interessiere mich auch für Informationen über Wandern und Radfahren in der Region.

Mit vielem Dank im Voraus für Ihre Mühe.

Mit freundlichen Grüßen

Thomas Oliver

Verbinde die Satzhälften.
Beispiel: 1 f

1 Thomas Oliver kommt aus
2 Gmunden ist eine Stadt in
3 Thomas sucht eine
4 Thomas hat
5 Thomas geht gern
6 Thomas fährt gern

a wandern.
b zwei Kinder.
c Österreich.
d Rad.
e Ferienwohnung.
f England.

Was passt zusammen?
Beispiel: 1 f

1 Sehr geehrte Damen und Herren,
2 Lieber Peter,
3 Deine Katrin
4 Mit vielem Dank im Voraus für Ihre Mühe.
5 Mit freundlichen Grüßen
6 Schreib bald!

a With many thanks in advance for your help.
b Yours, Katrin
c Write soon!
d Yours sincerely
e Dear Peter
f Dear Sir, dear Madam,

Welche Sätze oben schreibt man in einem Brief ans Verkehrsamt?

Lern diese kurzen Sätze und benutz sie später in anderen Briefen!

3a Hör zu. Schreib die Tabelle ab und füll sie aus. (1–4)

	Wo?	Wann?	Unterkunft?	Erwachsene/Kinder?	Sonstiges?
1	Wien	2.–10. Sept.	Hotel	2/1 (12 J.)	Theater/Kinos

3b Beate ruft das Verkehrsamt an. Ergänze den Dialog. Du darfst die Dialoge zu Übung 3a noch einmal anhören.

Beispiel: 1 Hallo, Verkehrsamt Kirchdorf. Kann ich Ihnen helfen?

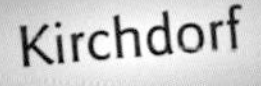

14. Okt. – 18. Okt.

Verkehrsamt: Hallo, Verkehrsamt ... . Kann ich ... helfen?
Beate: Ja, ich möchte im ... nach Kirchdorf fahren.
Verkehrsamt: Sehr ... . Wann wäre das genau?
Beate: Also, vom ... bis ... .
Verkehrsamt: O.K. Suchen Sie ein ... oder eine ... ?
Beate: Ja, ich suche ein ... .
Verkehrsamt: Und wie viele Leute sind das in der Gruppe?
Beate: Also, wir sind ... Erwachsene und ... .
Verkehrsamt: Prima. ... mal, bitte.

Hotel

4a Partnerarbeit. Übt Dialoge im Verkehrsamt.

Beispiel:

▲ Hallo. Kann ich Ihnen helfen?
● Ja, ich möchte im (April) nach (Linz) fahren.
▲ Sehr gut. Wann wäre das genau?
● Also, vom (achten) bis (sechzehnten April).

Ich möchte im ... nach ... fahren.

Ich suche ein Hotel / eine Ferienwohnung.

Wir sind ... in der Gruppe – ein Erwachsener / zwei Erwachsene und ein Kind / zwei Kinder (... Jahre alt).

Ich interessiere mich auch für Informationen über Radfahren/Wandern/Skifahren/Geschäfte in der Stadt/Region.

4b Schreib für Frau Bauer aus Berlin oder Herrn Roos aus Rostock einen Brief an das Verkehrsamt. Der Brief auf Seite 52 hilft dir dabei. Du kannst die roten Wörter ändern.

Beispiel: 1 Berlin, den 7. November

7 http://austria-tourism.at

LESEN **1a** **Lies den Text. Welcher Titel passt zu welchem Absatz?**
Beispiel: a 2

a Natur
b Stadt und Kultur
c Aktion
d Familie
e Gutes aus Österreich
f Nationalparks und Naturparks

Willkommen in Österreich!

Ein Sommer – tausend Möglichkeiten
Alltag raus, Österreich rein.

1

Urlaub mit Kindern im Familienparadies Österreich. Junge Leute fahren gern nach Österreich, weil immer was los ist – Spielplätze, Schwimmbäder, Tiere und Aktion sind hier zu finden. Die Eltern fahren auch gern hin, weil Österreich so ruhig und schön ist. Unsere Züge sind familienfreundlich, weil manche einen ganzen Spielwagen für Kinder von 3 bis 13 Jahren haben.

2

Das Wanderland Österreich ist ein Traumland – Seen, Alpen, Bäume, Tiere, Wasserfälle, Blumen und Ruhe findet man überall und so vergisst man den Stress des Alltags. In den Nationalparks kann man auf guten Wanderwegen schön wandern gehen oder, wenn Sie gute Kondition haben, können Sie auch Abenteuer-Trekking machen.

3

In den Nationalparks kann der Wanderer die unberührte Natur genießen. Auf herrlichen Routen erlebt man wunderbare Landschaften sowie seltene Pflanzen und Tiere. Die Fauna und Flora des Berges sind besonders im Nationalpark Hohe Tauern (Tirol, Kärnten, Salzburger Land) zu finden.

4

Wenn man nicht immer auf dem Land bleiben will, kann man einen schnellen Einkaufs- und Kultur-Trip in die Stadt machen. Sie können auf der Wiener Kärntner Straße einkaufen gehen oder Mozarts Geburtshaus in Salzburg besichtigen oder einen Spaziergang durch den virtuellen Raum im Arts-Electronica-Center in Linz machen. Jede Stadt hat was für Sie – Musik, Shopping, Theater, Literatur, Museen und Oper.

5

Viele Leute suchen Aktion im Urlaub und Österreich ist das Land dafür. Man kann in fast jeder Region viele „klassische" Sportarten ausüben – vom Tennis über Golf, Reiten, Fischen und Schwimmen bis zum Segeln und Wasserskifahren. Hier kann man aber auch „Trendsportarten" und extreme Sportarten ausüben. Viele Inline-Skater fahren nach Österreich, weil wir die meisten Skate-Parks in Europa haben. Mountainbiken ist in den österreichischen Bergen auch toll. Die Flüsse und Wasserfälle sind für Kanu- und Rafting-Freunde ideal. Das Klettern ist hier ebenfalls sehr beliebt.

6

Unsere Küche hat etwas für alle Feinschmecker! Unsere Spezialitäten – Wiener Schnitzel, Salzburger Nockerln, Knödel und Strudel – echt lecker!

LESEN 1b **Such dir mindestens drei Wörter zu folgenden Themen aus dem Text aus.**

Stadt Sport Natur Essen Kinder
Kultur

Beantworte folgende Fragen.
Beispiel: 1 Weil immer etwas los ist.

1 Warum fahren junge Leute gern nach Österreich?
2 Was gibt es in manchen Zügen für die Kinder?
3 Was kann man im Nationalpark machen?
4 Was findet man im Nationalpark Hohe Tauern?
5 Wie heißt die Einkaufsstraße in Wien?
6 Woher kommt Mozart?
7 Was gibt es in Linz?
8 Was sind die „klassischen“ Sportarten?
9 Was machen viele Österreicher?
10 Für wen sind die Flüsse und Wasserfälle ideal?

Hör zu. Warum sind sie in Österreich? Welcher Absatz auf Seite 54 ist das? (1–6)
Beispiel: 1 Absatz 6

Welche Spezialität ist das? Such Informationen im Internet.
Beispiel: a Strudel

Wiener Schnitzel, Salzburger Nockerln, Knödel, Strudel

Gruppenarbeit. Bereitet für eine Tourismusseite im Web kurze Texte über euer Land vor. Jeder wählt eine Kategorie aus und schreibt einen Text. Lest dann eure Präsentation vor.

Beispiel: SPORT – Irland ist ein ideales Land für Sportfans. Wir haben viele Sportmöglichkeiten im ganzen Land, wie zum Beispiel Schwimmbäder, Sporthallen und Tennisplätze. Unsere Parks sind ideal für Kinderspiele und es gibt sichere Radwege überall. Wenn Sie gern Wassersport treiben, besuchen Sie mal die Küste …

Sport
Natur
Essen
Jugendliche
Familie
Verkehrsverbindungen
Kultur

Gruppenarbeit ist super. Jeder nimmt einen Teil der Arbeit und so geht das viel schneller. Am Ende kommt ihr alle zusammen und helft einander, bis die Arbeit perfekt ist!

Lernzieltest Check that you can:

1	● ask people why they are going to Austria	*Warum fährst du nach Österreich?*
	● give reasons for going to Austria	*Ich fahre nach Österreich, um Ski zu fahren. Ich fahre nach Österreich, um wandern zu gehen.*
2	● ask a friend what he/she does in all weathers	*Was machst du, wenn es heiß ist? Was machst du, wenn es schneit?*
	● say what you do in all weathers	*Wenn es regnet, bleibe ich zu Hause. Wenn es kalt ist, gehe ich ins Kino.*
3	● ask what people did	*Was haben sie am Mittwoch gemacht?*
	● say what people did	*Am Samstag sind sie einkaufen gegangen. Am Dienstag haben sie eine Stadtrundfahrt gemacht.*
4	● ask a friend where he/she lives	*Wo wohnst du?*
	● say where you live	*Ich wohne in einem Dorf auf dem Land.*
	● ask a friend how he/she likes his/her home	*Gefällt es dir dort?*
	● say whether you like your home or not	*Es gefällt mir, weil viel los ist. Es gefällt mir nicht, weil es keine Geschäfte und Kinos gibt.*
5	● ask what you should do to protect the environment	*Was sollte man für die Umwelt machen?*
	● say what you should do to protect the environment	*Man sollte Wasser sparen und Müll trennen.*
	● ask a friend what he/she does to protect the environment	*Was machst du für die Umwelt?*
	● say what you do to protect the environment	*Ich kompostiere alles Mögliche. Ich fahre mit dem Rad.*
6	● write a letter to a tourist office	*Sehr geehrte Damen und Herren, ... mit freundlichen Grüßen*

Wiederholung

1 Hör zu und beantworte die Fragen. (1–4)

Beispiel: 1 a In den Bergen.

a Wo wohnt er/sie?
b Gefällt es ihm/ihr dort?
c Warum (nicht)?
d Was macht er/sie und bei welchem Wetter?

2 Partnerarbeit. Seht euch die Bilder auf Seite 57 an. Was haben sie auf der Klassenfahrt gemacht?

Beispiel: ▲ Was haben sie am (Montag) gemacht?
● Am Montag (sind sie in die Berge gefahren).
▲ Warum (sind sie in die Berge gefahren)?
● Weil (das Wetter schön war).

Mo.	Di.	Mi.	Do.	Fr.	Sa.	So.

3 Lies den Brief. Richtig oder falsch?
Beispiel: 1 Falsch

1. Letzten Sommer war Jack in Spanien.
2. Der Brief kommt aus Kirchdorf.
3. Es ist der elfte März.
4. Jack will nach Kirchdorf fahren.
5. Er sucht ein Hotel.
6. Er will drei Wochen Urlaub machen.
7. Die Kinder sind zehn, zwölf und vierzehn Jahre alt.
8. Jack sucht Informationen über Radfahren.
9. Jack interessiert sich für das Kino.
10. Jack fährt mit dem Auto nach Österreich.

Bradford, den 11. März

Sehr geehrte Damen und Herren,

letzten Sommer habe ich einen tollen Urlaub in Zell am See gehabt und diesen Sommer möchte ich meinen Urlaub in Kirchdorf verbringen. Ich suche eine Ferienwohnung für die Zeit vom 10. Juni bis 17. Juni. Hoffentlich haben Sie etwas frei. Wir sind fünf in der Gruppe – zwei Erwachsene und drei Kinder (12, 14 und 17 Jahre alt).

Wir interessieren uns auch für Informationen über Radfahren und Wandern in der Region. Haben Sie auch einen Zugfahrplan? Wir haben kein Auto und möchten gern einige Tagesausflüge machen.

Mit vielem Dank im Voraus für Ihre Mühe.

Mit freundlichen Grüßen

Jack Mann

4 Sieh dir die Info-Karte an und schreib einen Brief an das St. Johanner Verkehrsamt.
Beispiel:

Bradford, den 11. März

Sehr geehrte Damen und Herren,

St. Johann – Hotel – 28. Aug.–6. Sep.

14 J. 15 J.

5 Du bist in den Ferien nach Österreich gefahren. Beschreib deine Reise und nimm die Beschreibung auf Kassette auf.
Beispiel:
In den Ferien bin ich nach Wien geflogen. Ich habe eine Woche dort verbracht. Wien hat mir sehr gut gefallen, weil immer etwas los war. Ich bin ins Kino gegangen, ...

Freizeit	***Holidays and leisure time***
Warum fährst du nach Österreich?	*Why are you going to Austria?*
Ich fahre dahin, um ...	*I'm going there to ...*
Ski zu fahren.	*go skiing.*
Wassersport zu treiben.	*do water sports.*
wandern zu gehen.	*go walking.*
Salzburg zu besichtigen.	*visit Salzburg.*
Deutsch zu lernen.	*learn German.*
im See zu baden.	*swim in the lake.*
die frische Luft zu genießen.	*enjoy the fresh air.*
Freunde zu besuchen.	*visit friends.*
Was machst du, ...	*What do you do ...*
wenn es heiß ist?	*when it's hot?*
wenn es schön ist?	*when it's nice?*
wenn es regnet?	*when it's raining?*
wenn es schneit?	*when it's snowing?*
Wenn es (schön ist), ...	*When it's (nice) ...*
fahre ich Ski.	*I go skiing.*
bleibe ich zu Hause.	*I stay at home.*
gehe ich Eislaufen.	*I go ice-skating.*
gehe ich ins Kino.	*I go to the cinema.*
gehe ich ins Hallenbad.	*I go to the indoor pool.*
bade ich im See.	*I swim in the lake.*
faulenze ich draußen.	*I laze around outisde.*
spiele ich Fußball.	*I play football.*
spiele ich Tennis.	*I play tennis.*

Am Montag	***On Monday***
Was haben sie am Montag gemacht?	*What did they do on Monday?*
Am Montag haben sie ...	*On Monday, they ...*
eine Stadtrundfahrt gemacht.	*went on a city tour.*
die Festung besichtigt.	*visited the fortress.*
Am Montag sind sie ...	*On Monday, they ...*
mit dem Zug nach München gefahren.	*went by train to Munich.*
mit dem Rad zum Hallenbad gefahren.	*cycled to the indoor pool.*
in die Berge gefahren.	*drove to the mountains.*
ins Museum gegangen.	*went to the museum.*

Mein Wohnort	***Where I live***
Wo wohnst du?	*Where do you live?*
Ich wohne ...	*I live ...*
in Wien.	*in Vienna.*
in einem Dorf.	*in a village.*
in den Bergen.	*in the mountains.*
auf dem Land.	*in the country.*
Gefällt es dir dort?	*Do you like it there?*
Ja, es gefällt mir hier, ...	*Yes, I like it here, because ...*
weil die Luft so sauber ist.	*the air is so clean.*
weil viel los ist.	*there's lots going on.*
weil ich viele Freunde hier habe.	*I've got a lot of friends here.*
weil es gute Verkehrsverbindungen gibt.	*there are good transport links.*
weil es gute Sportmöglichkeiten gibt.	*there are good sports facilities.*
Nein, es gefällt mir nicht, ...	*No, I don't like it, because ...*
weil die Luft so verschmutzt ist.	*the air is so polluted.*
weil nichts los ist.	*there's nothing going on.*
weil ich keine Freunde hier habe.	*I haven't got any friends here.*
weil die Verkehrsverbindungen schlecht sind.	*there are poor transport links.*
weil es keine Sportmöglichkeiten gibt.	*there aren't any sports facilities.*

Die Umwelt	***The environment***
Was sollte man für die Umwelt tun?	*What should one do for the environment?*
Man sollte ...	*One should ...*
Energie sparen.	*save energy.*
mit dem Rad fahren.	*go by bike.*
Müll trennen.	*separate rubbish.*
umweltfreundliche Produkte kaufen.	*buy eco-friendly products.*
alles Mögliche kompostieren.	*compost as much as possible.*

Ein Brief	***A letter***
den 4. Februar	*4th February*
Sehr geehrte Damen und Herren,	*Dear Sir/Madam,*
ich möchte meinen Urlaub gern in (Wien) verbringen.	*I'd like to spend my holiday in (Vienna).*
Ich suche ...	*I'm looking for ...*
eine Ferienwohnung.	*a holiday flat.*
einen Hotel.	*a hotel.*
für die Zeit vom (vierten) bis (neunten) Mai.	*for the time from (4th) to (9th) May.*
Wir sind (drei) in der Gruppe.	*There are (three) of us in the group.*
ein Erwachsener	*one adult*
zwei Erwachsene	*two adults*
ein Kind	*one child*
zwei Kinder	*two children*
Ich interessiere mich auch für Informationen über ...	*I'm also interested in information about ...*
Geschäfte.	*shops.*
Kinos.	*cinemas.*
Skifahren.	*skiing.*
Radfahren.	*cycling.*
Wandern.	*walking.*
in der Region	*in the area*
in der Stadt	*in the town*
Mit vielem Dank im Voraus für Ihre Mühe.	*With many thanks in advance for your help.*
Mit freundlichen Grüßen	*With best wishes*

4 Medien

1 Gefallen dir Horrorfilme?

Talking about films

1 Hör zu. Was für Filme gefallen ihnen? Was sind die beliebtesten und unbeliebtesten Filme? (1–7)
Beispiel: 1 e, d, c

a Liebesfilme

b Science-Fiction-Filme

c Actionfilme

d Horrorfilme

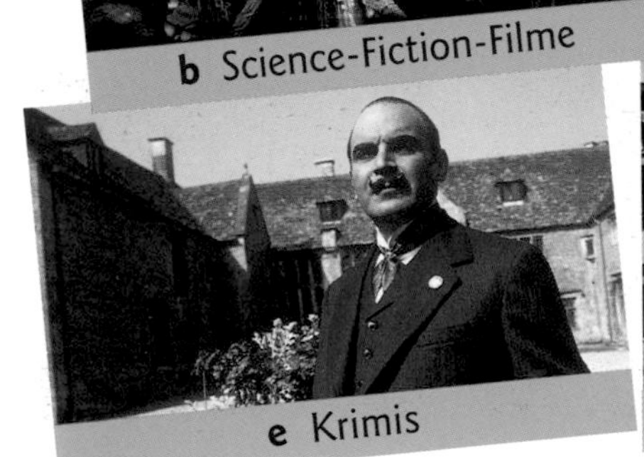

e Krimis

f Zeichentrickfilme

g Komödien

2 Wie gefallen deinem Partner / deiner Partnerin die Filme? Mach eine Liste von 1 bis 7. Partnerarbeit. Hast du richtig geraten?

Beispiel:
▲ Gefallen dir (Horrorfilme)?
● (Nein, sie gefallen mir nicht.) Sie sind auf Platz (sieben).
Gefallen dir (Actionfilme)?
▲ (Ja, sie gefallen mir gut.) Sie sind auf Platz (zwei).

Gefallen dir	Liebesfilme/Science-Fiction-Filme/Actionfilme/ Horrorfilme/Krimis/Zeichentrickfilme/Komödien?
Ja, sie gefallen mir gut. / Nein, sie gefallen mir nicht.	

3 Lies die Auszüge. Was für ein Film ist das?
Beispiel: 1 ein Science-Fiction-Film

1 Askzi und Fredqu wohnen auf dem Planeten G. Alles ist schön und ruhig, aber dann kommt der Vulkan W.

2 Babsi liebt Georgi und Georgi liebt Hannah. Was soll Babsi tun?

3 Noch ein lustiger Film mit Bart Simpson.

4 Eine alte Dame hat einen Unfall im Garten. Aber war das ein Unfall? Detektiv Petersohn hat wieder Arbeit.

Lies die Auszüge und schreib die Adjektive auf. Wie heißen sie auf Englisch? Du darfst ein Wörterbuch benutzen.
Beispiel: spannend – exciting

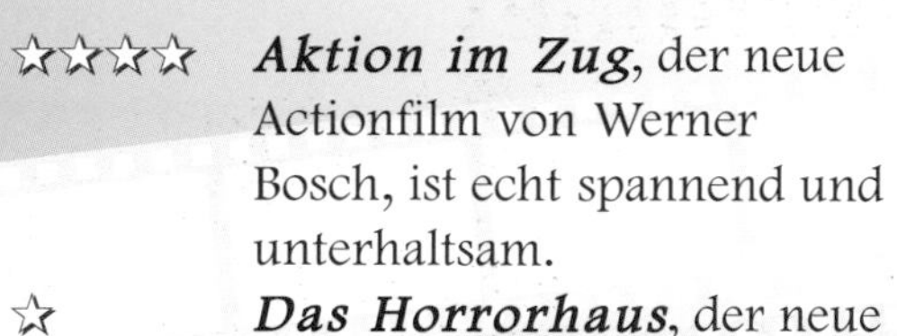

☆☆☆☆ ***Aktion im Zug***, der neue Actionfilm von Werner Bosch, ist echt spannend und unterhaltsam.

☆ ***Das Horrorhaus***, der neue Film vom Horrorstudio, ist total gruselig und schrecklich.

☆ ***Ich liebe dich***, der neue Film mit Tina Dietmann und Lars Lomas, ist romantisch, aber leider total langweilig und blöd.

☆☆☆☆ ***Hilfe! Mutter in der Wohnung!***, der neue Zeichentrickfilm für Kinder, ist auch für Erwachsene sehr lustig und unterhaltsam. Geh mal hin!

Wie sollte ein guter Film sein? Mach eine Liste aus den Adjektiven von oben.
Beispiel: 1 lustig, **2** unterhaltsam, **3** spannend, ...

Mesut, Katja und Ronny diskutieren Filme. Notiere die Adjektive.
Beispiel: 1 romantisch, ...

1 Liebesfilme
2 Actionfilme
3 Zeichentrickfilme
4 Horrorfilme

Katja

Mesut

Ronny

Bist du derselben Meinung? Schreib Sätze.
Beispiel: 1 Liebesfilme gefallen mir nicht, weil sie so blöd sind.
2 Actionfilme gefallen mir gut, weil sie sehr spannend und unterhaltsam sind.

Gruppenarbeit. Frag sechs Personen in der Klasse.
Beispiel:
▲ Was für Filme gefallen dir am besten, (Louise)?
● (Komödien.)
▲ Warum?
● Weil (sie sehr lustig und unterhaltsam) sind.
▲ Und was für Filme gefallen dir gar nicht?

Was für Filme gefallen dir am besten / gar nicht?			
Zeichentrickfilme/Liebesfilme ...			
Warum?			
Weil sie	ziemlich/so/total/sehr	lustig/unterhaltsam/spannend/romantisch schrecklich/gruselig/langweilig/blöd	sind.

Schreib die Resultate auf.
Beispiel: Komödien gefallen sechs Personen, weil sie so lustig sind.
Actionfilme gefallen acht Personen, weil sie sehr spannend und unterhaltsam sind. ...

2 Möchtest du ins Kino gehen?

Phoning a friend to invite him/her to the cinema

HÖREN 1a **Hör zu und lies.**

Katja:	Hallo.
Ronny:	Hallo, Katja. Hier spricht Ronny.
Katja:	Grüß dich, Ronny. Wie geht's?
Ronny:	Gut, danke. Sag mal, Katja, hast du am Samstagabend frei?
Katja:	Samstagabend ... Samstagabend ... Warum denn?
Ronny:	Ja ... möchtest du mit mir ins Kino gehen?
Katja:	Ins Kino gehen? Tja ... was gibt's denn im Kino?
Ronny:	*Tankmann.*
Katja:	Wie bitte?
Ronny:	*Tankmann.* Er soll sehr spannend sein.
Katja:	*Tankmann*? Ach, ja. Was für ein Film ist das, Ronny?
Ronny:	Das ist ein Actionfilm.
Katja:	Na so was.
Ronny:	Also, kommst du mit?
Katja:	Ja, klar!

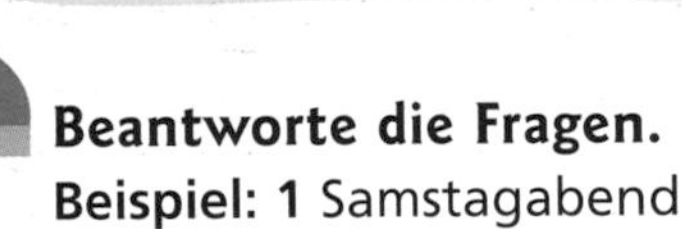

LESEN 1b **Beantworte die Fragen.**

Beispiel: 1 Samstagabend

1. Wann möchte Ronny ins Kino gehen?
2. Wie heißt der Film?
3. Wie soll der Film sein?
4. Was für ein Film ist das?
5. Geht Katja ins Kino?

HÖREN 2 **Hör zu. Schreib die Tabelle ab und füll sie aus. (1–4)**

	Wann?	Film?	Wie soll er sein?	Filmsorte?
1	Mittwochabend	Das Fahrrad	gruselig	Horrorfilm

HÖREN 3 **Hör zu und wiederhole. So gewinnt man Zeit!**

1. Ach, ja.
2. Ach, so.
3. Tja.
4. Wie bitte?
5. Äh ...
6. Moment mal.
7. Sag mal, ...
8. Na so was.

Sieh dir den Dialog noch einmal an. Katja gewinnt Zeit – sie wiederholt das, was Ronny sagt. Sie sagt auch „Tja", „Ach, ja" und „Wie bitte?" Das kannst du auch machen, wenn du Zeit brauchst!

Partnerarbeit. Übt Dialoge.

▲ Hallo.

● Hallo, (Sandra).
Hier spricht (Stefan).

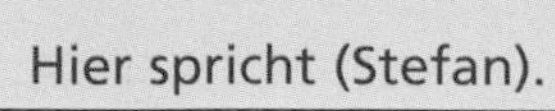

Sandra

Eva

Ralf

Stefan

▲ Grüß dich, (Stefan). Wie geht's?

● Gut danke. Sag mal, (Sandra),
hast du am (Samstagabend) frei?

▲ Äh ... (Samstagabend) ... (Samstagabend) ... Warum denn?

● Ja ... möchtest du mit mir ins Kino gehen?

▲ Ins Kino gehen? Tja ... was gibt's im Kino?

● (*Skiunfall.*)

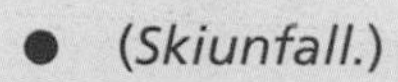

Skiunfall

Der große Hund

Seesturm

Tim und Rita

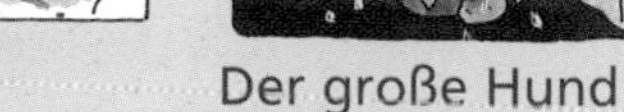

▲ Wie bitte?

● (*Skiunfall.*) Er soll sehr spannend/lustig/unterhaltsam ... sein.

▲ Ach, ja. Was für ein Film ist das, (Stefan)?

● Das ist ein (Actionfilm).

▲ Na so was.

● Also, kommst du mit?

▲ Ja, klar! / Nein, danke!

Schreib für diese Details einen Dialog auf. Der Dialog in Übung 4a hilft dir dabei.

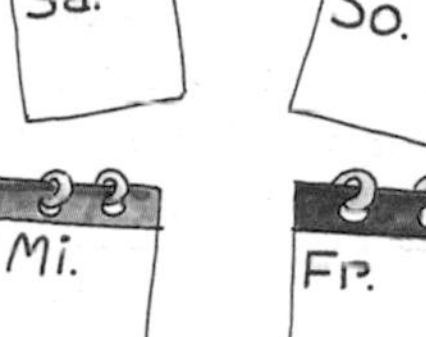

3 Hörst du gern Popmusik?

Talking about music
Talking about what you did in the past

Hör zu und notiere Katjas Antworten zum Musikquiz.
Beispiel: 1 c

Großes Musikquiz

1 Wie viele CDs hast du letzten Monat gekauft?
a Letzten Monat habe ich keine CDs gekauft.
b Letzten Monat habe ich eine CD gekauft.
c Letzten Monat habe ich zwei, drei ... CDs gekauft.

2 Wie viele Musikvideos hast du letzten Monat gekauft?
a Letzten Monat habe ich keine Musikvideos gekauft.
b Letzten Monat habe ich ein Musikvideo gekauft.
c Letzten Monat habe ich zwei, drei ... Musikvideos gekauft.

3 Wie viele Musiksendungen hast du letzte Woche gesehen?
a Letzte Woche habe ich keine Musiksendungen gesehen.
b Letzte Woche habe ich eine Musiksendung gesehen.
c Letzte Woche habe ich zwei, drei, ... Musiksendungen gesehen.

4 Wie oft bist du dieses Jahr ins Konzert gegangen?
a Dieses Jahr bin ich nicht ins Konzert gegangen.
b Dieses Jahr bin ich einmal ins Konzert gegangen.
c Dieses Jahr bin ich zweimal, dreimal, ... ins Konzert gegangen.

Craig David

5 Wer ist dein Lieblingssänger?
Mein Lieblingssänger ist ...

6 Wer ist deine Lieblingssängerin?
Meine Lieblingssängerin ist ...

7 Was ist deine Lieblingsgruppe?
Meine Lieblingsgruppe ist ...

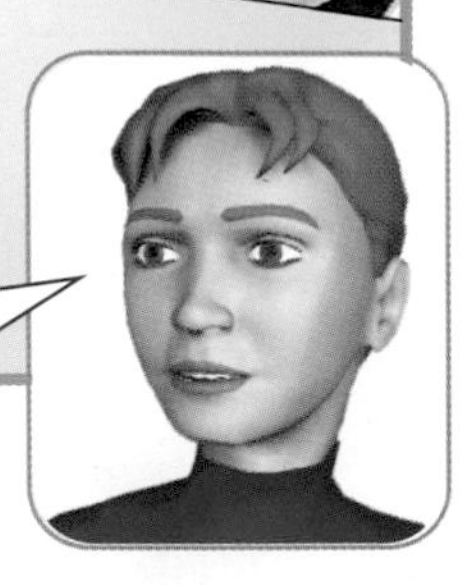

Vergiss die Fragen nicht: Wie oft? Wie viele? Wer? Was?

Partnerarbeit. Macht das Musikquiz.
Beispiel: ● Wie viele CDs hast du letzten Monat gekauft?
▲ Letzten Monat habe ich (keine CDs) gekauft.

Schreib deine Antworten zum Musikquiz auf.
Beispiel: 1 Letzten Monat habe ich eine CD gekauft.

Wiederholung

The perfect tense – inversion

haben/sein in second place + participle at the end

Letzten Monat habe ich eine CD gekauft.
Letzten Samstag bin ich in die Disco gegangen.

Lern weiter ▶ 4.1, Seite 130

2a Hast du meistens (a), (b) oder (c) ausgewählt? Lies die Antworten unten.

Großes Musikquiz Antworten

Du hast meistens (c) ausgewählt:
Du bist ein großer Musikfan. Wahrscheinlich hörst du Musik im Bus, im Bad und im Biologieunterricht! Du solltest aber aufpassen – wenn du zu viel Geld im Musikladen ausgibst, wirst du kein Geld für Kleidung, Geschenke und Bücher haben! Vielleicht solltest du mal ein bisschen Sport treiben oder eine Radtour machen – aber keinen Walkman mitnehmen!

Du hast meistens (b) ausgewählt:
Du magst Musik, aber du hast auch andere Hobbys. Wenn du einen Computer hast, such dir Informationen zur Musik im Internet. Wahrscheinlich hörst du gern Popmusik, aber probiere mal Technomusik oder Hip-Hop – vielleicht gefällt dir das auch. Wenn es eine Disco in der Schule gibt, geh hin und tanz mal mit. Das wird vielleicht lustig sein!

Du hast meistens (a) ausgewählt:
Was ist Musik? Für dich ist Musik gar nicht wichtig. Vielleicht findest du sie sogar langweilig. Versuch mal, ein bisschen Popmusik zu hören, oder geh in die Bibliothek und leih dir eine Kassette oder eine CD aus. Wenn du weitere Informationen zum Thema Musik suchst, kauf dir eine Musikzeitschrift, sieh dir eine Musiksendung an oder hör mal Radio.

2b Ist das (a), (b) oder (c)?

Beispiel: 1 b

1 

2 

3 4 

5 

6 

7 

8 

9 

2c Bist du ein Musikfan oder nicht? Adaptiere die Texte aus Übung 2a für dich.

Beispiel: Ich bin ein großer Musikfan. Ich höre oft Musik im Bus, im Auto und im Garten. Ich gebe viel Geld im Musikladen aus, weil ich gern CDs und Musikvideos kaufe.

3 Wie spricht man das aus? Hör dann zu und überprüfe die Aussprache.

1 **Musik** – Ich höre gern Musik.
2 **Musikvideo** – Ich habe ein Musikvideo gekauft.
3 **CD** – Ich habe eine CD gekauft.
4 **Kassette** – Ich habe eine Kassette gekauft.
5 **Konzert** – Ich gehe gern ins Konzert.
6 **Popmusik** – Ich liebe Popmusik.

Keine englische Aussprache! Wie kannst du dir die deutsche Aussprache merken? Nur üben, üben und nochmal üben!

MINI-TEST

Check that you can:
- talk about films
- phone a friend to invite him/her to the cinema
- talk about music

4 Leseratten

Talking about your reading habits

Wer ist das: Katja, Mesut oder Ronny?
Beispiel: 1 Mesut

1 Wer liest gern Sportbücher?
2 Wer liest gern Pferdebücher?
3 Wer liest gern Comics?
4 Wer spielt gern Fußball?
5 Wer liest gern Sachbücher?
6 Wer ist eine Leseratte?
7 Wer hat letztes Jahr die meisten Bücher gelesen?

Hallo, ich heiße Katja und bin fünfzehn Jahre alt. Meine Hobbys sind Lesen, Schwimmen und Musikhören. Meine Lieblingsbücher sind Pferdebücher und Liebesromane. *Der Pferdeflüsterer* ist mein Lieblingsbuch, weil es gut geschrieben ist. Letztes Jahr habe ich ungefähr zwölf Bücher gelesen.

Hallo, ich bin Mesut und ich bin sechzehn Jahre alt. Ich spiele gern Fußball, ich sehe gern fern und ich lese gern. Meine Lieblingsbücher sind Fantasy, Sportbücher und Jugendbücher. Ich lese nicht gern Pferdebücher oder Sachbücher. Mein Lieblingsbuch ist *Das Haus der Treppen*, weil es so spannend ist. Letztes Jahr habe ich wahrscheinlich etwa zwanzig Bücher gelesen. Ich bin eine richtige Leseratte!

Grüß dich, ich bin Ronny und ich bin fünfzehn Jahre alt. Ich spiele gern am Computer und ich fahre gern Ski. Ich lese auch gern, wenn ich Zeit habe. Am liebsten lese ich Comics, Zeitschriften und Sachbücher. Mein Lieblingscomic ist *Captain America*, weil er so unterhaltsam ist. Letztes Jahr habe ich nur drei Bücher gelesen.

Mach eine deutsch-englische Liste von Büchern.
Beispiel: Pferdebücher – horse books, Liebesromane – romances, …

„Das Pferd“ ist „the horse“, „Bücher“ ist „books“, also „Pferdebücher“ heißt „horse books“!

Hör zu. Schreib die Tabelle ab und füll sie aus. (1–4)

	Alter	Hobbys	Liest gern	Lieblingsbuch	Warum?
1	15	lesen, tanzen	Fantasy, Comics	Superman	spannend

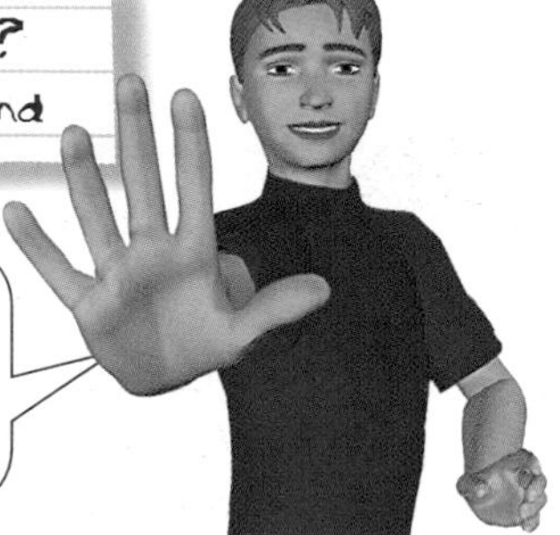

Warte mal! Bevor du zuhörst, sieh dir die Tabelle an. Was wirst du dann auf der Kassette hören? Zum Beispiel: „Alter“ – hier suchst du eine Zahl. „Hobbys“ – hier suchst du ein Verb wie „lesen“ oder „schwimmen“ oder ein Nomen wie „Tennis“, „Fußball“, usw.

Partnerarbeit. Ordne den Dialog und mach Interviews mit Katja, Mesut und Ronny.

- ▲ Wie viele Bücher hast du letztes Jahr gelesen?
- ▲ Was sind deine Hobbys?
- ▲ Wie alt bist du?
- ▲ Warum?
- ▲ Was für Bücher liest du gern?
- ▲ Wie heißt du?
- ▲ Was ist dein Lieblingsbuch?

- ● Letztes Jahr habe ich ungefähr zwölf Bücher gelesen.
- ● Ich lese gern Liebesromane und Pferdebücher.
- ● Ich bin fünfzehn Jahre alt.
- ● Weil es gut geschrieben ist.
- ● Ich lese gern, ich gehe gern schwimmen und ich höre gern Musik.
- ● Mein Lieblingsbuch ist *Der Pferdeflüsterer*.
- ● Ich heiße Katja.

Was für Bücher liest du gern?		
Ich lese gern	Fantasy/Sportbücher/Comics/Zeitschriften/Jugendbücher/Pferdebücher/ Liebesromane/Sachbücher.	
Was ist dein Lieblingsbuch?		
Mein Lieblingsbuch ist …		
Warum?		
Weil es	gut geschrieben / interessant / lustig / unterhaltsam / gruselig / spannend	ist.
Wie viele Bücher hast du letztes Jahr gelesen?		
Letztes Jahr habe ich ungefähr zwei/drei/… Bücher gelesen.		

Bereite eine kurze Präsentation wie die von Katja vor. Nimm sie auf Kassette auf.

„Ich heiße Katja und ich bin fünfzehn Jahre alt. Ich lese gern, ich gehe gern schwimmen und ich höre gern Musik. Ich lese gern Liebesromane und Pferdebücher und mein Lieblingsbuch ist *Der Pferdeflüsterer*, weil es gut geschrieben ist. Letztes Jahr habe ich ungefähr zwölf Bücher gelesen.“

5 Wir surfen

Talking about what you can do on a computer
Talking about what you have done on a computer recently

Was passt zusammen?
Beispiel: 1 g

Was kann man am Computer machen?

1. **Man kann im Internet surfen.**
2. **Man kann E-Mails schreiben und lesen.**
3. **Man kann Hausaufgaben machen.**
4. **Man kann Computerspiele spielen.**
5. **Man kann Musik hören.**
6. **Man kann Bilder zeichnen.**
7. **Man kann Programme schreiben.**
8. **Man kann Produkte kaufen.**

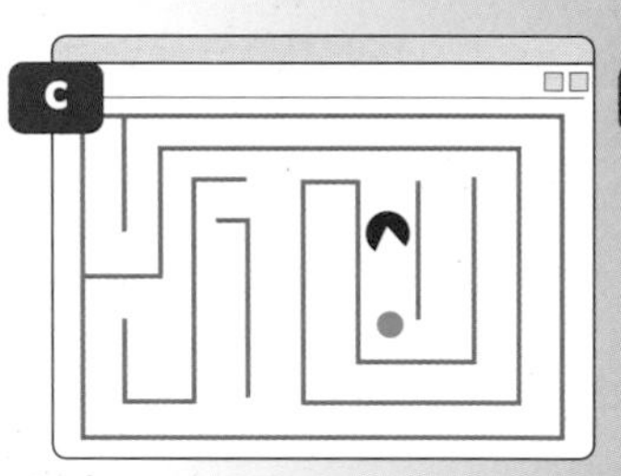

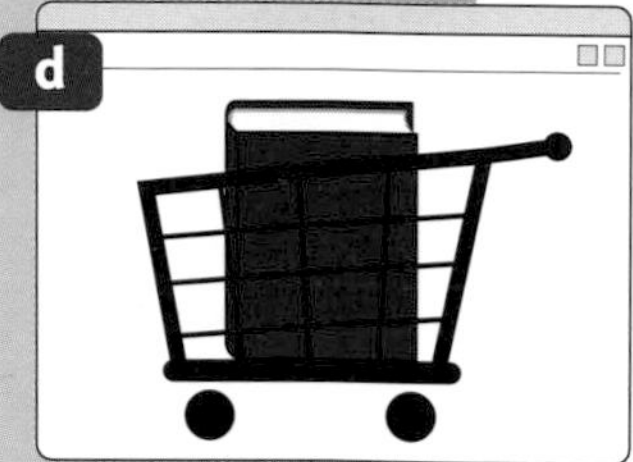

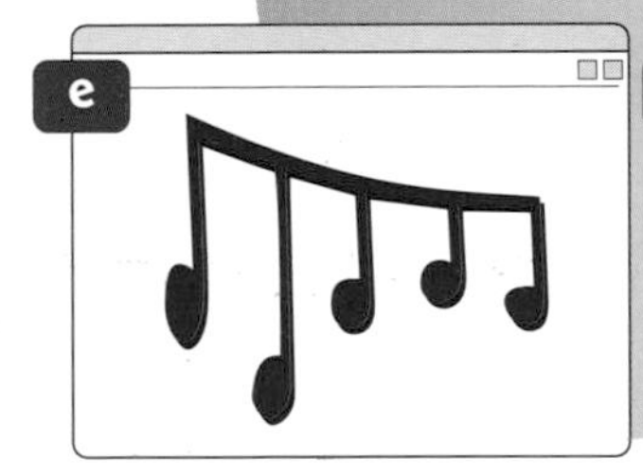

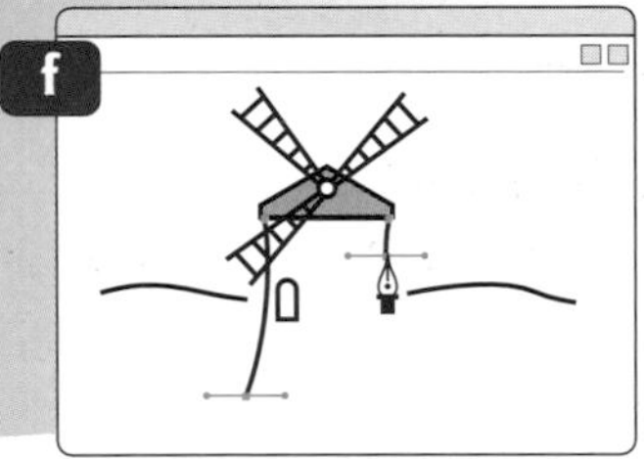

h
01100010001001 1100
00100001001 1101010
01000100100111 1001
01010010100111 0101
01010010010001 0110

Hör zu und wiederhole. Welches Bild ist das? (1–8)
Beispiel: 1 f

Partnerarbeit. Memoryspiel.
Beispiel:
▲ Was kann man am Computer machen?
● Man kann (Hausaufgaben machen). Was kann man sonst am Computer machen?
▲ Man kann (Hausaufgaben machen) und man kann (im Internet surfen).

Wiederholung

Talking about what you can do
können + infinitive at the end
Was kann man am Computer machen?
Man kann im Internet surfen.

Lern weiter ▶ 3.5, Seite 127

Was kann man am Computer machen?		
Man kann	Computerspiele	spielen.
	Musik	hören.
	E-Mails	schreiben/lesen.
	Produkte	kaufen.
	Programme	schreiben.
	Bilder	zeichnen.
	Hausaufgaben	machen.
	im Internet	surfen.

2 Hör zu. Was haben sie am Computer gemacht? Mach Notizen. (1–4)

Beispiel: 1 E-Mails, Hausaufgaben, Musik

3a Was haben sie letzte Woche am Computer gemacht? Schreib Sätze.

Beispiel: 1 Letzte Woche hat Katja Musik gehört.

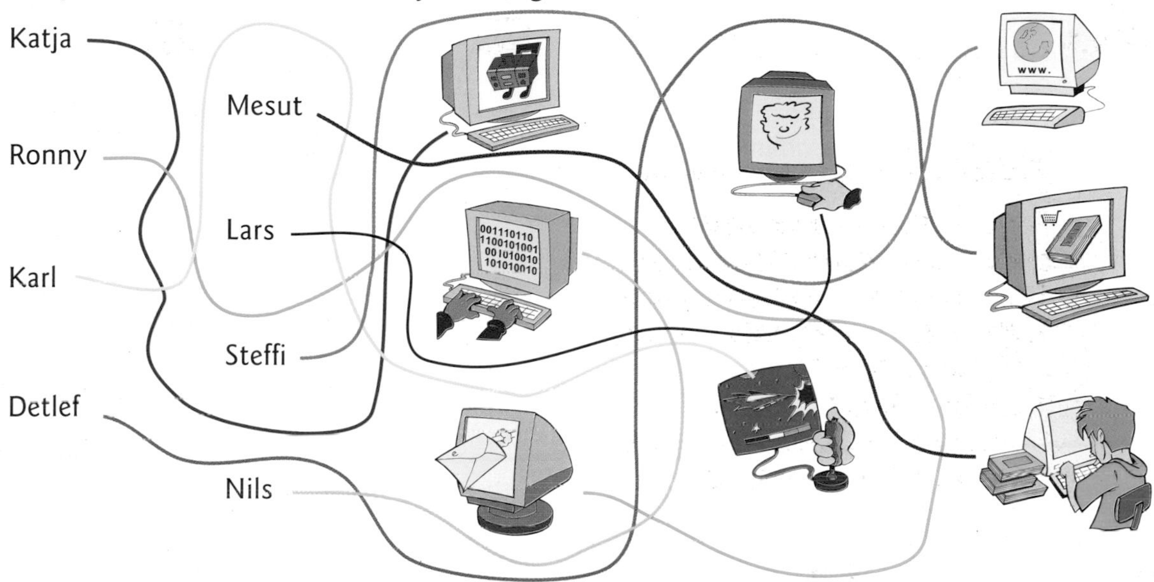

3b Partnerarbeit.

Beispiel: ▲ Was hat (Katja) letzte Woche gemacht?
● Letzte Woche hat (Katja Musik gehört). Was hat (Ronny) letzte Woche gemacht?

Letzte Woche hat Mesut	Computerspiele	gespielt.
	Musik	gehört.
	E-Mails	geschrieben/gelesen.
	ein Buch / eine CD	gekauft.
	Programme	geschrieben.
	Bilder	gezeichnet.
	Hausaufgaben	gemacht.
Letzte Woche ist Mesut	im Internet	gesurft.

4 Beantworte die Fragen. Kannst du noch weitere Details hinzufügen?

Beispiel: 1 Letzte Woche bin ich viermal im Internet gesurft. Ich habe Informationen über Fußball gelesen.

1 Wie oft bist du letzte Woche im Internet gesurft?
2 Wie viele E-Mails hast du letzte Woche geschrieben?
3 Wie viele E-Mails hast du letzte Woche bekommen?
4 Wie oft hast du letztes Trimester am Computer Hausaufgaben gemacht?
5 Wie oft hast du letzte Woche Computerspiele gespielt?
6 Wie oft hast du letztes Jahr am Computer Musik gehört?
7 Wie oft hast du letztes Jahr am Computer Bilder gezeichnet?
8 Was hast du am Computer gekauft?

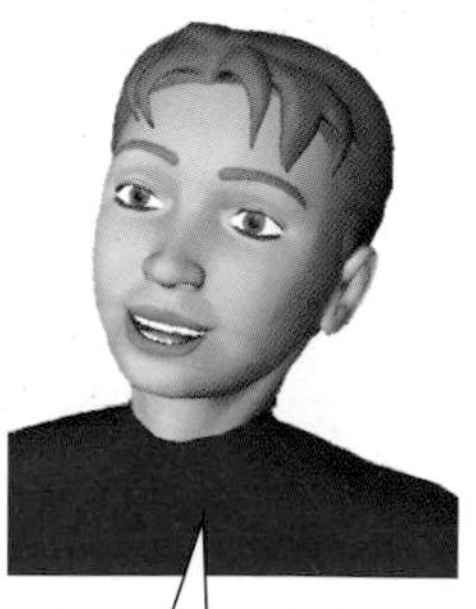

Der Computer hilft auch beim Deutschlernen. Computertexte sehen gut aus und du kannst sie immer weiter korrigieren, bis sie perfekt sind! Vergiss auch nicht, deutsche Websites zu besuchen.

6 Wie war es?

Talking about a project week

1a Lies Ronnys Tagebuch und beantworte die Fragen.
Beispiel: 1 spannend

1 Wie war der Krimi?
2 Wie war der Horrorfilm?
3 Wie war der Besuch beim Radio Pop?
4 Was ist Ronnys Lieblingsgruppe?
5 Wo war Ronny am Mittwoch?
6 Wo ist die Partnerschule?
7 Wo war Ronny am Donnerstag?
8 Wie waren die Fragen?
9 Wo war Ronny am Freitag?
10 Was hatte die Klasse nicht?

Letzte Woche gab es eine Projektwoche über Medien in der Klasse 8G und Ronny hat mitgemacht …

Mo. Am Montag waren wir im Kino! Zuerst haben wir einen spannenden Krimi gesehen und dann haben wir einen blöden Horrorfilm gesehen. Nachher haben wir die Filme diskutiert, aber das war ein bisschen langweilig.

Di. Am Dienstag waren wir im Studio vom Radio Pop. Das war sehr interessant und wir haben viel gelernt. Wir haben sogar die Musik für den DJ ausgewählt und das war echt klasse, weil ich das neuste Lied von „All Saints“ gewählt habe! Sie sind meine Lieblingsgruppe.

Mi. Am Mittwoch waren wir im Computerraum in der Schule und wir sind im Internet gesurft. Zuerst haben wir E-Mails an unsere Partnerschule in Schottland geschrieben und dann mussten wir Informationen im Internet suchen. Ich habe viele tolle Websites gefunden – das Internet finde ich total super.

Do. Am Donnerstag waren wir in der Bibliothek und wir haben ein Bücherquiz gemacht. Das war besonders lustig, weil die Fragen so einfach waren! Wir haben Fragen beantwortet und Bücher gefunden. Normalerweise ist es sehr ruhig in der Bibliothek, aber heute war es gar nicht ruhig!

Fr. Am Freitag waren wir im Klassenzimmer. Wir hatten eine Party. Wir haben Poster aufgeklebt und jeder hat eine CD mitgebracht. Das war aber ziemlich blöd, weil wir keine Stereoanlage im Klassenzimmer hatten!

im Studio vom Radio Pop

1b Hör zu. Mesut hat die Projektwoche auch mitgemacht, aber er hat alles schon vergessen. Welche Fehler macht er?
Beispiel: Montag: im Kino – „in der Schule“

Grammatik

'was' and 'had'

Ich war in der Bibliothek.
Wir waren in der Bibliothek.

Ich hatte eine Party.
Wir hatten eine Party.

Lern weiter 4.2, Seite 131

Wiederholung

***in* + dative (no movement)**

m/n	im Klassenzimmer / im Kino
f	in der Bibliothek / in der Schule

Lern weiter 6.3, Seite 135

Such die deutschen Wörter im Text auf Seite 70.
Beispiel: 1 sehr

1 very
2 a bit
3 really
4 totally
5 particularly
6 so
7 not at all
8 quite

Benutz diese kleinen Wörter, wenn du kannst. So schreibst du echt interessante Texte!

Ordne die Sätze.
Beispiel: 1 Der Film war sehr blöd.

1 war sehr Der Film blöd
2 besonders war laut Die Musiksendung
3 Die so Technomusik war doof
4 total Der Horrorfilm war gruselig
5 war nicht Der Film gar romantisch
6 waren langweilig Die CDs ein bisschen
7 Die ziemlich Zeitschriften waren kindisch
8 Also hatte ich eine Party – sie klasse war echt

Hör zu und beantworte die Fragen. (1–6)
Beispiel: 1 a Montag

a An welchem Tag war das?
b Wo waren sie?
c Was haben sie gemacht?
d Wie war das?

Schreib die Tabelle ab und ergänze sie für Montag bis Freitag.
Beispiel:

Tag	Wo?	Was?	Wie?
Mo.	Bibliothek	lesen	☹
Di.	zu Hause	Party	☺

Wo? Bibliothek, zu Hause, Kino, Computerraum, Stadt

Was? lesen, surfen, Party, einkaufen gehen, einen Film sehen

Partnerarbeit. Macht Interviews.
Beispiel:
▲ Wo warst du am (Montag)?
● Am (Montag) war ich (in der Bibliothek).
▲ Und was hast du dort gemacht?
● Ich (habe gelesen).
▲ Wie war das?
● Das war (total langweilig).

Am Montag/Dienstag/ …	war ich	im Kino/Computerraum.
		in der Bibliothek/Stadt.
		zu Hause.
Ich habe	gelesen / einen Film gesehen.	
Ich bin	einkaufen gegangen / im Internet gesurft.	
Ich hatte	eine Party.	
Es war sehr / total / echt / besonders / so / ein bisschen / ziemlich / gar nicht … .		

Schreib Details über die letzte Woche auf.
Beispiel: Am Montag war ich in der Schule. Ich hatte Deutsch. Das war echt toll, aber dann hatte ich Englisch … Das war gar nicht so interessant.

7 Online-Soaps

Lies den Artikel mit Hilfe eines Wörterbuches.

Extra dry
Das Magazin

Weiterblättern!

Online-Soaps sind die bessere Alternative, seine Sucht zu entfalten.

a **Fernsehserien machen süchtig. Man sieht eine Welt, aber im Leben hat man das nicht. Die Freunde sind nicht so cool wie die Clique in *Beverly Hills 90210*. Man ist kein verwöhntes Kind wie Kathi aus *Verbotene Liebe* – sie geht immer einkaufen und hat sogar ein Flugzeug als Geschenk bekommen. Oder man sieht nicht so gut aus wie die Frauen in *Melrose Place*. Jeden Tag sehen sich Millionen ihre Serie im Fernsehen an, aber jetzt gibt es eine spannendere Alternative dazu: Die Soaps im Netz.**

b Eine Soap im Netz ist *Clique*. Eine neue Folge kommt zweimal im Monat. Alex studiert Sozialpädagogik, weil er später vielen Menschen helfen will. Marco versteht die Studenten in der Clique nicht. Errol ist Türke und wohnt in Köln. Sein Vater hat eine türkische Imbiss-Kette. Die Geschichte ist sehr lustig und die Seiten haben ein perfektes Layout mit tollen Fotos und guten Dialogen.

c Eine Reality-Soap findet man unter *www.diary.de*. Elf Leute zwischen 19 und 30 schreiben jeden Tag in das Tagebuch. Heute erzählen Marco, Nathalie und Co. online und dokumentieren ihre Erlebnisse mit Fotos. Man kann auch darüber diskutieren, ihr Leben kommentieren oder einfach nur mit ihnen quatschen.

d Du findest Tagebuch-Passagen und Seifenopern wie die klassischen Love-Storys in Zeitschriften langweilig? Dafür gibt es im World Wide Web interaktive Soaps. Du kannst jetzt entscheiden, wer warum was mit wem macht. Totale Kontrolle – na ja, nicht immer. Es gibt zwei Varianten von interaktiven Soaps: Bei einer Gruppe hat man eine Wahl – Demokratie pur! „Wird Mirjam ihre Tochter Hannah nennen?" – So fragt die Seifenoper *Heldenfußallee*.

e Oder man kann ganze Passagen der Soap selber schreiben. So macht man es beim *doyoursoap*. Es gibt die Charaktere, aber dann schreibt man die Geschichte selber. Man kann sogar selbst in der Soap mitspielen. Wenn ein Mädchen sich zum Beispiel mit Vanessa Hofmann – „1,68m, dunkelhaarig, groß, intelligent, intrigant" – identifiziert, kann sie ein eigenes Foto hinschicken und so ist sie dann Vanessa!

seine Sucht entfalten	*to indulge in one's addiction*
süchtig machen	*to be addictive*
die Welt	*world*
verwöhnt	*spoilt*
die Folge	*instalment*
die Sozialpädagogik	*social education*
der Türke / die Türkin	*Turkish man/woman*
die Erlebnisse	*experiences*
quatschen	*to chat*
entscheiden	*to decide*
die Wahl	*choice*
selber/selbst	*yourself*

1b Welcher Absatz ist das?

Beispiel: 1 d

1 Bei diesen Soaps hat man die Wahl.
2 Bei diesen Soaps muss man mitschreiben.
3 Diese Soap hat Studenten als Figuren.
4 Man kann auch mit den Hauptfiguren reden.
5 Viele Leute sehen Seifenopern im Fernsehen an.
6 Diese Soap hat ein sehr gutes Design.
7 Interaktive Soaps sind toll, wenn man traditionelle Storys langweilig findet.

1c Richtig oder falsch?

Beispiel: 1 Richtig

1 *Beverly Hills 90210* ist eine Fernsehserie.
2 Die Frauen im *Melrose Place* sehen gut aus.
3 *Clique* erscheint einmal im Monat.
4 Alex und Marco sind die Studenten in der Clique.
5 Errols Vater hat viele Imbissstuben.
6 *www.diary.de* ist eine Reality-Soap.
7 Marco, Nathalie und Co. schreiben ein Tagebuch und man kann das online lesen.
8 Auf der Website von *www.diary.de* gibt es keine Fotos.
9 Bei einer interaktiven Soap wie *Heldenfußallee* kann man wählen, was passieren soll.
10 Bei der interaktiven Soap *doyoursoap* schreibt man die Soap selber und man kann auch in der Soap erscheinen.

2 *Heartbreak High* ist eine Soap über Schüler/innen. Hör zu. Wie sind die Hauptfiguren? Mach Notizen.

Beispiel: Kimberly – 17 J.

3 Gruppenarbeit. Erfindet eine Online-Soap.

1 Wie heißt die Soap?
2 Ist sie eine normale, interaktive oder Reality-Soap?
3 Wie heißen die Hauptfiguren?
4 Wie sind sie?
5 Was passiert in der Soap?

Beispiel: Unsere Soap heißt „KinderKlub" und ist eine Reality-Soap. Wir sind die Hauptfiguren und wir erscheinen jeden Tag im Internet. Wir treffen uns in Toms Zimmer und dort haben wir eine Videokamera. Wir quatschen miteinander, hören Musik und spielen Computerspiele. Es gibt auch oft Krach in der Soap, weil das für die Zuschauer sehr wichtig ist. Zum Beispiel hat gestern Daisy Toms Tagebuch unter dem Bett gefunden. Sie hat es vorgelesen. Es war ein totaler Schock für Daisy, weil Tom sie liebt! Dann ist Tom ins Zimmer gekommen.

Lernzieltest Check that you can:

1	●	ask a friend if he/she likes certain films	*Gefallen dir Horrorfilme?*
	●	say whether you like certain films	*Liebesfilme gefallen mir nicht/gut.*
	●	ask a friend which films he/she likes best/least of all and why	*Was für Filme gefallen dir am besten / gar nicht? Warum?*
	●	say which films you like best/least and why	*Krimis gefallen mir am besten, weil sie so unterhaltsam sind. Zeichentrickfilme gefallen mir nicht, weil sie blöd sind.*
2	●	phone a friend to invite him/her to the cinema	*Hallo, Katja. Hier spricht Ronny. Möchtest du mit mir ins Kino gehen?*
	●	add in some small words to gain time	*Sag mal. Wie bitte? Moment mal.*
3	●	talk about how many CDs/videos you bought last month	*Wie viele CDs hast du letzten Monat gekauft? Letzten Monat habe ich vier Musikvideos gekauft.*
	●	talk about concerts and music programmes	*Wie viele Musiksendungen hast du letzte Woche gesehen? Letztes Jahr bin ich nicht ins Konzert gegangen.*
	●	talk about favourite singers and groups	*Wer ist dein Lieblingssänger? Meine Lieblingsgruppe ist „The Corrs".*
4	●	ask a friend what he/she likes reading	*Was für Bücher liest du gern?*
	●	say what types of books you like reading	*Ich lese gern Fantasy/Sportbücher.*
	●	talk about your favourite books	*Was ist dein Lieblingsbuch? Mein Lieblingsbuch ist X, weil es spannend ist.*
	●	talk about how many books you read last year	*Wie viele Bücher hast du letztes Jahr gelesen? Letztes Jahr habe ich ungefähr zehn Bücher gelesen.*
5	●	talk about what you can do on a computer	*Was kann man am Computer machen? Man kann Musik hören / im Internet surfen.*
	●	talk about what other people did last week on a computer	*Was hat X letzte Woche gemacht? X hat ein Buch gekauft / Musik gehört.*
6	●	talk about a project week	*Wo warst du am Montag? Am Montag war ich im Kino. Was hast du gemacht? Ich habe einen Film gesehen. Wie war das? Das war total lustig.*

Wiederholung

1 **Hör zu. Sieh dir Kais Pläne für das Wochenende an. Hat er das eigentlich gemacht?**
Beispiel: 1 nein

Am Wochenende werde ich
1 im Internet surfen
2 Musik hören
3 einkaufen gehen
4 Computerspiele spielen
5 Hausaufgaben machen
6 Bilder zeichnen
7 ein Programm schreiben
8 viele E-Mails schreiben

2 Partnerarbeit.

Beispiel :
▲ Hallo.
● Hallo, (Monika). Hier spricht (Erik).
▲ Grüß dich, (Erik). Wie geht's?
● Gut danke. Sag mal, (Monika). Hast du am (Samstagabend) frei?
▲ (Samstagabend) … (Samstagabend) … Warum denn?
● Ja … möchtest du mit mir ins Kino gehen?
▲ Ins Kino gehen? Tja … was gibt's im Kino?
● (*Liebe in Wien.*)
▲ Wie bitte?
● (*Liebe in Wien.*) Er soll sehr (romantisch) sein. Hast du ihn schon gesehen?
▲ Nein, was für ein Film ist das, (Erik)?
● Das ist ein (Liebesfilm).
▲ Na so was.
● Also, kommst du mit?
▲ Ja, klar!

Liebe in Wien

Romantisch!

Monika–Erik
Sa.

Julia–Markus
Mi.

3 Lies den Text und beantworte die Fragen.

Beispiel: 1 Am Samstag ist Robert in die Stadt gefahren.

1. Wohin ist Robert am Samstag gefahren?
2. Wie lange war er im Musikladen?
3. Was hat er gekauft?
4. Was hat er am Abend gemacht?
5. Wer ist Tanja?
6. Wie war das Konzert für Tanja und Robert?
7. Was hat Robert am Sonntag gemacht?
8. Was hat er am Sonntagabend gemacht?
9. Wie war der Film für Robert und Tanja?
10. Mögen Robert und Tanja die gleichen Sachen?

Letzten Samstag bin ich mit dem Rad in die Stadt gefahren und ich habe drei Stunden im Musikladen verbracht! Ich liebe Musik! Ich habe viele CDs angehört und am Ende habe ich drei CDs und ein Musikvideo gekauft. Am Abend bin ich mit meiner Freundin, Tanja, ins Konzert gegangen und wir haben „Die Ärzte" gesehen – das ist meine Lieblingsgruppe, und das Konzert war echt klasse. Leider findet Tanja „Die Ärzte" sehr laut und das Konzert hat ihr gar nicht gefallen. Am Sonntag war ich sehr müde, also bin ich zu Hause geblieben und habe meine neuen CDs gehört. Ich habe auch ein interessantes Buch über Fußball in Deutschland gelesen – solche Bücher lese ich sehr gern. Am Abend bin ich mit Tanja ins Kino gegangen und wir haben einen blöden Liebesfilm gesehen. Er war sehr romantisch und Tanja hat viel geweint. Sie findet Liebesfilme prima, aber er hat mir gar nicht gefallen.

4 Beschreib einen Samstagabend aus Übung 2. Schreib mindestens siebzig Wörter.

Beispiel: Am Samstagabend bin ich mit Erik ins Kino gegangen. Erik ist mein Freund, aber manchmal ist er ziemlich doof. Wir haben *Liebe in Wien* gesehen, weil er sehr romantisch ist. …

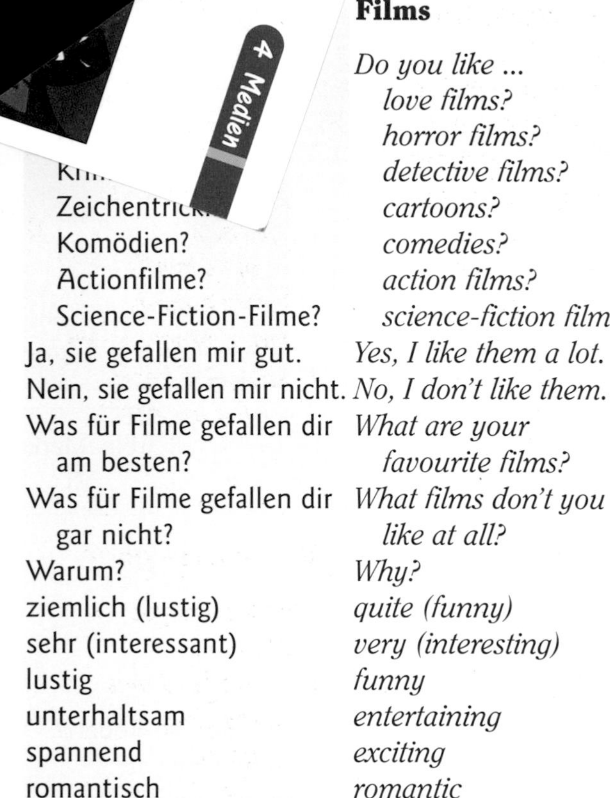

Films

	Films
	Do you like ...
	love films?
	horror films?
Kri	*detective films?*
Zeichentric	*cartoons?*
Komödien?	*comedies?*
Actionfilme?	*action films?*
Science-Fiction-Filme?	*science-fiction films?*
Ja, sie gefallen mir gut.	*Yes, I like them a lot.*
Nein, sie gefallen mir nicht.	*No, I don't like them.*
Was für Filme gefallen dir am besten?	*What are your favourite films?*
Was für Filme gefallen dir gar nicht?	*What films don't you like at all?*
Warum?	*Why?*
ziemlich (lustig)	*quite (funny)*
sehr (interessant)	*very (interesting)*
lustig	*funny*
unterhaltsam	*entertaining*
spannend	*exciting*
romantisch	*romantic*
schrecklich	*terrible*
gruselig	*horrible/scary*
langweilig	*boring*
blöd	*stupid*

Am Telefon	***On the phone***
Hallo, (Katja).	*Hello, (Katja).*
Hier spricht (Ronny).	*It's (Ronny) here.*
Sag mal, (Katja), hast du am Samstagabend frei?	*Hey, (Katja), are you free on Saturday evening?*
Möchtest du mit mir ins Kino gehen?	*Do you want to go to the cinema with me?*
Was gibt's im Kino?	*What's on at the cinema?*
Der Film soll sehr spannend sein.	*The film is supposed to be very exciting.*
Was für ein Film ist das?	*What type of a film is that?*
Das ist ein (Actionfilm).	*It's an (action film).*
Kommst du mit?	*Are you going to come?*
Ja, klar!	*Yes, of course.*
Ach, ja.	*Oh, yes.*

Zeit gewinnen	***Gaining time***
Ach, so.	*Oh, I see.*
Tja.	*Well, ...*
Wie bitte?	*Pardon?*
Moment mal.	*Just a minute.*
Sag mal.	*Hey.*
Na sowas.	*Oh, really.*

Über Musik	***About music***
letztes Jahr	*last year*
letzte Woche	*last week*
eine CD	*one CD*
zwei CDs	*two CDs*
ein Musikvideo	*one music video*
zwei Musikvideos	*two music vidoes*
kaufen	*to buy*
ich habe (drei) CDs gekauft.	*I bought (three) CDs.*
ins Konzert gehen	*to go to a concert*
Ich bin (einmal) ins Konzert gegangen.	*I went to a concert (once).*
einmal/zweimal/dreimal	*once/twice/three times*
eine Musiksendung	*one music show*
zwei Musiksendungen	*two music shows*
sehen	*to see*
Ich habe eine Musiksendung gesehen.	*I saw a music show.*
Mein Lieblingssänger ist ...	*My favourite singer is* ... (male)
Meine Lieblingssängerin ist ...	*My favourite singer is* ... (female)
Meine Lieblingsgruppe ist ...	*My favourite group is ...*

Bücher	***Books***
Was für Bücher liest du gern?	*What books do you like reading?*

Ich lese gern ...	*I like reading ...*
Comics.	*comics.*
Jugendbücher.	*teenage fiction.*
Liebesromane.	*love stories.*
Pferdebücher.	*horse books.*
Sachbücher.	*non-fiction.*
Sportbücher.	*sport books.*
Zeitschriften.	*magazines.*
Was ist dein Lieblingsbuch?	*What's your favourite book?*
Mein Lieblingsbuch ist ... , weil es (lustig) ist.	*My favourite book is ... because it's (funny).*
gut geschrieben	*well-written*
interessant	*interesting*
lustig	*funny*
spannend	*exciting*
unterhaltsam	*entertaining*
Wie viele Bücher hast du letztes Jahr gelesen?	*How many books did you read last year?*
Letztes Jahr habe ich ungefähr (drei) Bücher gelesen.	*Last year I read about (three) books.*

Computer — *Computer*

Was kann man am Computer machen?	*What can you do on a computer?*
Man kann ...	*You can ...*
Computerspiele spielen.	*play computer games.*
Bilder zeichnen.	*draw pictures.*
E-Mails schreiben.	*write e-mails.*
E-Mails lesen.	*read e-mails.*
im Internet surfen.	*surf the net.*
Musik hören.	*listen to music.*
Programme schreiben.	*write programmes.*
Produkte kaufen.	*buy products.*
Was hat (Simon) letzte Woche gemacht?	*What did (Simon) do last week?*
Letzte Woche hat (Simon) ...	*Last week (Simon) ...*
ein Buch gekauft.	*bought a book.*
eine CD gekauft.	*bought a CD.*
Bilder gezeichnet	*drew pictures.*
Computerspiele gespielt.	*played computer games.*
E-Mails geschrieben.	*wrote e-mails.*
E-Mails gelesen.	*wrote e-mails.*
Programme geschrieben.	*wrote programmes.*
Letzte Woche ist (Simon) im Internet gesurft.	*Last week Simon surfed the net.*

Wo warst du? — *Where were you?*

Wo warst du am Montag?	*Where were you on Monday?*
Am Montag war ich ...	*On Monday I was ...*
in der Bibliothek.	*in the library.*
zu Hause.	*at home.*
im Kino.	*at the cinema.*
Ich habe einen Film gesehen.	*I saw a film.*
Ich bin einkaufen gegangen.	*I went shopping.*
Ich bin im Internet gesurft.	*I surfed the Net.*
Ich hatte eine Party.	*I had a party.*
Es war ...	*It was ...*
sehr (lustig).	*very (fun).*
total (schrecklich).	*totally (awful).*
echt (spannend).	*really (exciting).*
besonders (unterhaltsam).	*particularly (entertaining).*
ein bisschen (blöd).	*a bit (stupid).*
ziemlich (langweilig).	*quite (boring).*
gar nicht (gruselig).	*not at all (scary).*

5 Jobs und Geld

1 Ich habe einen Job

Talking about part-time work

Hör zu und lies. Wer ist das im Bild?
Beispiel: a Vicky

Jobs für alle!

Guido ist siebzehn Jahre alt. Samstags arbeitet er im Supermarkt. Er arbeitet von neun Uhr bis fünf Uhr. Er findet den Job sehr interessant, aber ein bisschen anstrengend.

Vicky ist sechzehn Jahre alt. Samstags arbeitet sie im Restaurant. Sie arbeitet von zwölf Uhr bis fünf Uhr und sie findet den Job ziemlich langweilig.

Aschi ist fünfzehn Jahre alt. Jeden Tag trägt er Zeitungen aus. Er arbeitet von sechs Uhr bis halb acht. Der Job gefällt Aschi gar nicht, weil er anstrengend ist und weil es draußen oft sehr kalt ist.

Daniela ist vierzehn Jahre alt. In den Ferien hilft sie viel zu Hause – sie wäscht das Auto, sie macht Gartenarbeit und sie macht Babysitting. Sie findet das sehr gut.

Nicole ist sechzehn Jahre alt. In den Ferien arbeitet sie im Friseursalon. Sie arbeitet montags bis freitags von zehn Uhr bis fünf Uhr. Der Job gefällt Nicole sehr gut, weil sie ziemlich gut verdient.

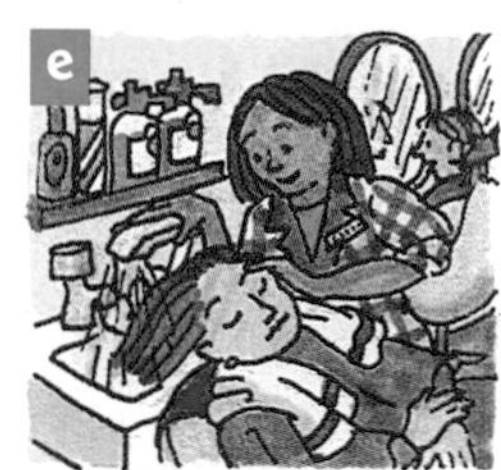

Beantworte die Fragen.
Beispiel: 1 Vicky, Aschi

1. Wer mag die Arbeit nicht?
2. Wer arbeitet draußen?
3. Wer ist der/die jüngste Jugendliche?
4. Wer arbeitet in den Ferien?
5. Wer hat einen interessanten Job?
6. Wer arbeitet sehr früh morgens?
7. Wer arbeitet nur am Nachmittag?
8. Wer arbeitet in einem Geschäft?
9. Wer arbeitet am Wochenende?
10. Wer ist der/die älteste Jugendliche?

Hör zu. Schreib die Tabelle ab und füll sie aus. (1–4)

	Alter	Job	Wann?	Uhr	Meinung
1	16	Restaurant	sonntags	11-5	echt klasse

3a Partnerarbeit. Seht euch die Info-Karten an und übt Interviews mit Patrick, Fatima und Anke.

Name:	Patrick
Alter:	17
Job:	im Supermarkt
Tag:	samstags
von … bis:	9.00–1.00 Uhr
Meinung:	☹ ☹ ☹

Name:	Fatima
Alter:	16
Job:	im Friseursalon
Tag:	in den Ferien
von … bis:	8.00–12.00
Meinung:	☺ ☺

Name:	Anke
Alter:	14
Job:	Zeitungen austragen
Tag:	jeden Tag
von … bis:	12.00–4.00 Uhr
Meinung:	☺

Beispiel:
- ▲ Wie alt bist du, (Patrick)?
- ● Ich bin (siebzehn) Jahre alt.
- ▲ Hast du einen Job?
- ● Ja, ich (arbeite im Supermarkt).
- ▲ Wann machst du das?
- ● Das mache ich (samstags von neun Uhr bis ein Uhr).
- ▲ Gefällt dir der Job?
- ● (Nein, er gefällt mir gar nicht. Er ist total langweilig und er kann auch sehr anstrengend sein.)

Ich	arbeite	im Supermarkt/Friseursalon/Restaurant.
	trage	Zeitungen aus.
	wasche	das Auto.
	helfe	zu Hause.
	mache	Babysitting/Gartenarbeit.
Das mache ich		samstags / freitags / in den Ferien / jeden Tag.
		von ein/zwei/ … Uhr bis zwei/drei/ … Uhr.
Er gefällt mir sehr gut / nicht.		
Er ist sehr / total / ziemlich / ein bisschen		interessant/langweilig/klasse/anstrengend.

SCHREIBEN **3b Schreib Texte für Fatima und Anke oder schreib über einen Freund / eine Freundin.**

Beispiel: Patrick ist siebzehn Jahre alt und wohnt in Bremen. Samstags arbeitet er im Supermarkt in der Stadt. Dort hilft er in der Bäckerei und er arbeitet von neun Uhr bis ein Uhr. Der Job gefällt Patrick gar nicht, weil er total langweilig und sehr anstrengend ist. …

Schreib den Text am Computer. Druck ihn dann aus und korrigiere ihn mit Hilfe deines Lehrers / deiner Lehrerin.

G Wiederholung

The present tense, singular

ich	arbeite	mache	helfe	trage	wasche	bin
du	arbeitest	machst	hilfst	trägst	wäschst	bist
er/sie	arbeitet	macht	hilft	trägt	wäscht	ist

Lern weiter ▶ 3.1, 3.2, Seite 126

2 Jobanzeigen

Talking about qualities required for certain jobs

1a Hör zu und lies den Dialog.

Guido: Grüß dich, Vicky. Wie geht's?
Vicky: Ach, nicht sehr gut. Ich brauche einen neuen Job.
Guido: Warum denn?
Vicky: Weil es im Restaurant so langweilig ist.
Guido: Ach, sag mal, hast du diese Anzeigen gesehen?
Vicky: Nein.
Guido: Guck mal. Hier ist ein Job im Friseursalon.
Vicky: Toll!
Guido: Ach, Moment mal. Nein, das ist nichts für dich.
Vicky: Warum denn?
Guido: Weil man freundlich, fleißig und gut gelaunt sein muss.
Vicky: Ach, fleißig bin ich nicht. Aber Babysitter. Das ist besser.
Guido: Aber Vicky, du magst Babys nicht.
Vicky: Stimmt.
Guido: Hier. Diese Anzeige ist besser. Bist du sportlich?
Vicky: Ja.
Guido: Bist du höflich?
Vicky: Äh … manchmal.
Guido: Und bist du hilfsbereit?
Vicky: Ja, klar.
Guido: Dann ist dieser Job im Hallenbad ideal für dich.
Vicky: Nein, Guido. Das ist gar nicht ideal.
Guido: Warum denn?
Vicky: Ich kann nicht schwimmen!

Suche Babysitter.
Muss vernünftig, ordentlich und geduldig sein. Tel.

Friseursalon sucht Hilfe.
Muss freundlich, fleißig und gut gelaunt sein. Tel.

Suche Bürohilfe.
Muss pünktlich, computererfahren und intelligent sein. Tel.

Hallenbad sucht Hilfe.
Muss sportlich, höflich und hilfsbereit sein. Tel.

1b Richtig oder falsch?

Beispiel: 1 Falsch

1 Vicky findet das Restaurant interessant.
2 Guido hat die Anzeigen gesehen.
3 Der Job im Friseursalon ist nicht gut für Vicky.
4 Vicky ist nicht fleißig.
5 Vicky liebt Babys.
6 Vicky ist sportlich.
7 Der Job im Hallenbad ist ideal für Vicky.
8 Vicky kann nicht schwimmen.

2a Schreib die Tabelle ab und füll sie mit den Adjektiven aus den Anzeigen auf Seite 80 aus.

Beispiel:

Ich weiß das schon.	Ich kann das erraten.	Ich brauche ein Wörterbuch.
gut gelaunt – in a good mood	freundlich – friendly	fleißig – hard-working

2b Welche Charaktereigenschaft ist das? Such das Wort in den Anzeigen auf Seite 80.

Beispiel: 1 gut gelaunt

1. Ich bin nicht launisch.
2. Ich bekomme gute Noten in der Schule.
3. Ich komme nie zu spät.
4. Ich helfe sehr gern zu Hause.
5. Ich arbeite viel am Computer.
6. Ich räume gern mein Zimmer auf.
7. Ich sage immer „danke sehr“ und „bitte sehr“.
8. Ich spiele gern Tennis, Fußball und Handball.

Charaktereigenschaft *characteristic*

3 Partnerarbeit. Wähl eine Anzeige für deinen Partner / deine Partnerin aus.

Beispiel:

▲ Bist du (freundlich)?
● (Ja), ich bin (ziemlich freundlich).
▲ Bist du (fleißig)?
● (Ja), ich bin (sehr fleißig).
▲ Und bist du (gut gelaunt)?
● (Nein, ich bin nicht immer gut gelaunt. Manchmal bin ich ziemlich launisch.)
▲ (Ach, dann kannst du nicht im Friseursalon arbeiten.)

Bist du	intelligent / vernünftig / sportlich / fleißig / höflich / pünktlich / hilfsbereit / gut gelaunt / geduldig / freundlich / computererfahren / ordentlich?
Ja, ich bin sehr/ziemlich … . / Nein, ich bin gar nicht … .	

4 Hör zu und mach Notizen über die Jobs. Welcher Job gefällt dir am besten? (1–3)

Beispiel: 1 im Sportgeschäft – samstags, 9–1 …

5 Was ist dein idealer Job? Beschreib ihn.

Beispiel:

Mein idealer Job ist im Musikladen. Ich arbeite samstags und in den Ferien dort und der Job gefällt mir sehr gut. Ich muss freundlich, hilfsbereit und pünktlich sein, aber das ist kein Problem für mich. Am liebsten arbeite ich an der Kasse, weil man dann mit vielen Leuten reden kann. …

6 Partnerarbeit. Lest den Dialog auf Seite 80 zu zweit vor. Adaptiert dann die Details und macht einen neuen Dialog.

Beispiel:

▲ Grüß dich, (Joseph). Wie geht's?
● Ach, nicht sehr gut. Ich brauche einen neuen Job.
▲ Warum denn?
● (Tja, im Moment arbeite ich im Restaurant, aber das gefällt mir gar nicht.)

3 Worauf sparst du?

Talking about what you are saving for
Counting to 10,000

Sieh dir den Text an und beantworte die Fragen.
Beispiel: 1 drei

1 Wie viele Mädchen sparen auf Sportausrüstung?
2 Wie viele Jungen sparen auf Kleidung?
3 Wie viele Mädchen sparen auf den Führerschein?
4 Wie viele Jungen sparen auf ein Auto?
5 Worauf sparen vier Mädchen?
6 Worauf sparen zehn Jungen?
7 Sparen mehr Mädchen oder Jungen auf die Ferien?
8 Worauf sparen die meisten Jungen?

Worauf Teenies sparen

Sparen ist „in" bei Kindern und Jugendlichen. Von einhundert Mädchen zwischen 14 und 17 Jahren besitzen 86 ein Sparkonto, bei Jungen 85 von einhundert. Die Jungen dieser Altersgruppe besitzen mit durchschnittlich 718 Euro das dickere Sparbuch als die Mädchen mit 593 Euro.

Von 100 Teenagern im Alter von 14 bis 17 Jahren sparen so viele auf ...

Jungen		Mädchen
21	Führerschein	12
12	PC und Zubehör	5
12	Motorrad/Mofa	2
10	Auto	7
4	Reise, Ferien	12
4	Stereoanlage, CD-Player	4
2	Kleidung	8
2	Sportausrüstung	3

Hör zu. Worauf sparen sie? Haben sie ein Sparkonto? (1–4)
Beispiel: 1 die Ferien, einen Computer – ja

Gruppenarbeit. Stellt Fragen und beantwortet sie.
Beispiel: ▲ Worauf sparst du?
● Ich spare auf (eine Stereoanlage und ein Fahrrad). Worauf sparst du?

Ich spare auf	einen	Computer.
	den	Führerschein.
	eine	Stereoanlage.
	ein	Auto/Mofa/Fahrrad.
	die	Ferien.
	Sportausrüstung/Kleidung/ CDs/Videos/Computerspiele.	

Beschreib deine Resultate wie oben.
Beispiel: Sparen ist „in" bei der Klasse 9T. Von vierzehn Schülern im Alter von 13 und 14 ...

4 Hör zu und wiederhole. Welche Zahl ist das? (1–10)

Beispiel: 1 100

100	hundert	200	zweihundert	600	sechshundert	1000	tausend
101	hunderteins	300	dreihundert	700	siebenhundert	2000	zweitausend
102	hundertzwei	400	vierhundert	800	achthundert	3000	dreitausend
110	hundertzehn	500	fünfhundert	900	neunhundert	4000	viertausend
125	hundertfünfundzwanzig			1125	tausendeinhundertfünfundzwanzig		

5a Welche Zahl ist das?

Beispiel: 1 134

1 hundertvierunddreißig
2 tausendfünfhundert
3 dreihundertelf
4 sechstausendzweihundertdreizehn
5 achttausendfünfundachtzig
6 viertausendneunzig
7 siebenhundertdrei
8 zweitausendneunhundertvierzig

Vergiss die Zahlen nicht! Lern sie heute und überprüfe sie nächste Woche noch mal ... und die folgende Woche. Vokabeln immer lernen und dann noch mal überprüfen. Einmal lernen reicht nicht!

5b Gruppenarbeit. Das Zahlenspiel. Gebt immer die nächste Zahl an.

Beispiel: ▲ (Tausendfünfhundertdrei.)
● (Tausendfünfhundertvier.)

7639 1503 6400 2316 9316 4582 8749

6a Partnerarbeit. Ratet mal, was das kostet, und notiert die Preise.

Beispiel: ▲ Entschuldigung, ich spare auf (ein Mofa). Was kostet (dieses Mofa)?
● Moment mal ... tja, (das Mofa) hier kostet (tausendzweihundert) Euro.
▲ Wie bitte?
● (Tausendzweihundert) Euro.

Was kostet	dieser	Computer?
	diese	Stereoanlage/Jacke?
	dieses	Fahrrad/Mofa?
Was kosten	diese	CDs?

6b Hör zu. Was kostet das? Wer hat am besten geraten? (1–6)

Beispiel: 1 Stereoanlage – €1555

MINI-TEST

Check that you can:
- talk about part-time work
- talk about personal qualities
- talk about what you are saving for
- count to 10,000

4 Im Second-Hand-Laden

Buying clothes

Hör zu und lies den Dialog. Dann hör noch einmal zu, ohne ins Buch zu schauen. Notiere fünf Details, die du verstehst.

Du hörst den Dialog dreimal auf der Kassette. Zuerst ist er ziemlich langsam und dann wird er immer schneller. Hör sorgfältig zu – du musst dir nicht alle Wörter merken, aber versuch mal, dir Wörter wie „Hosen", „Kabine", „rote" und den Preis zu merken.

Ergänze die Sätze.

Beispiel: 1 Kann ich bitte diese Schuhe anprobieren?

1 Kann ich bitte diese  anprobieren?

2 Welches  passt dir am besten?

3 Der gelbe ....  ist genau richtig.

4 Die kostet zehn Euro.

5 Diese sind genau richtig.

6 Kann ich bitte diese  anprobieren?

7 Welche  passt dir am besten?

3 Hör zu. Schreib die Tabelle ab und füll sie aus. (1–5)

	Was?	Farbe	€
1	T-Shirt	rot	6

Grammatik

'the', 'this/these', 'which'

	m	*f*	*n*	*pl*
the	der	die	das	die
this/these	dieser	diese	dieses	diese
which	welcher	welche	welches	welche

Lern weiter ▶ 1.7, Seite 124

Partnerarbeit. Übt den Dialog im Second-Hand-Laden – mit Pfiff!

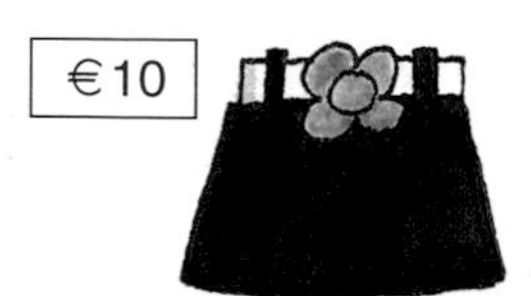

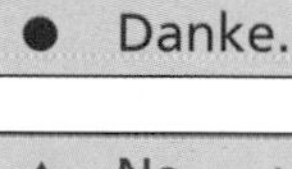

€6 | €17 | €39 | €17 | €12

▲ Hallo, kann ich dir helfen?

● Ja, kann ich bitte diese Röcke/Hosen/Jacken/T-Shirts/Schuhe anprobieren?

▲ Ja, natürlich. Die Kabine ist dort drüben.

● Danke.

▲ Na, welcher Rock / welche Hose / welches T-Shirt passt dir am besten?
welche Schuhe passen dir am besten?

● Der blaue/weiße Rock / Die karierte/gelbe Hose/Jacke / Das rote/grüne T-Shirt ist genau richtig. / ist zu klein/groß/lang/kurz.
Die schwarzen/braunen Schuhe sind genau richtig / zu klein/groß.

▲ O.K., der/die/das … kostet … Euro, bitte.
die Schuhe kosten … Euro, bitte.

● Ach, das ist sehr preiswert. Vielen Dank.

Wiederholung

Adjective endings after *der, die, das*

m	*f*	*n*	*pl*
der rote Rock	die rote Jacke	das rote T-Shirt	die roten Schuhe

Lern weiter ▶ 7.1, Seite 135

Schreib eine Radioanzeige für einen Second-Hand-Laden. Füg auch einen Dialog wie oben hinzu.

Beispiel: Hier im Second-Hand-Laden „Super preiswert" haben wir viel Kleidung für Sie – wir haben bunte T-Shirts, billige Jacken und modische Hosen. Wenn Sie coole Kleider für eine Party oder gute Schuhe für eine Wanderung brauchen, kommen Sie zuerst zu uns. Sie finden uns in der Hauptstraße, Nummer 54. Und jetzt folgt ein typischer Dialog bei uns …

5 Eine 20. Jahrhundert-Party

Talking about clothes

HÖREN **1a** **Hör zu und lies. Beschreib die Bilder (a–k).**
Beispiel: a Vicky hat lange Haare.

Letztes Wochenende sind Vicky und Guido auf eine Party aus dem 20. Jahrhundert gegangen.

Vicky ist als ein Hippie aus den sechziger Jahren gegangen. Sie hat einiges für die Party im Second-Hand-Laden gekauft und das Einkaufen hat irrsinnig viel Spaß gemacht. Zuerst hat sie aber ein tolles Kleid gefunden – es war sehr lang mit einem Blumenmuster darauf. Das hat sie in der Kommode ihrer Mutter gefunden! Dann hat sie braune Sandalen im Second-Hand-Laden gekauft. Sie waren nicht sehr bequem, aber sie waren wenigstens billig. Sie hat auch einen wunderbaren gelben Hut und eine bunte Perlenschnur gekauft. Vicky hat lange Haare. Als sie für die Party fertig war, sah sie genau wie eine Frau aus den sechziger Jahren aus!

Guido wollte als ein Punker aus den siebziger Jahren zur Party gehen. Zu Hause hatte er eine wilde Perücke, die perfekt für einen Punker war! Er ist auch in vier Second-Hand-Läden gegangen, weil es nicht so einfach war, das perfekte Outfit zu finden. Im ersten Laden hat er eine wunderbare schwarze Lederhose gefunden, aber leider war sie zu klein, also hat er eine bunte gestreifte Hose gekauft. Im nächsten Laden hat er ein enges schwarzes T-Shirt gekauft. Dicke Stiefel hat er in einem dritten Second-Hand-Laden gekauft und dann hat er eine schwarze Sonnenbrille und große Ohrringe in einem vierten kleinen Laden gefunden. Am Ende sah er sehr cool aus!

Als Vicky und Guido zur Party kamen, war sie schon in vollem Schwung. Aber die anderen Gäste trugen alle ganz normale Outfits. Warum denn das? Also, Vicky und Guido haben die falschen Einladungen bekommen. Die Party war eine Party für das 21. Jahrhundert, aber die ersten Einladungen hatten einen Druckfehler darauf. Statt „Eine 21.-Jahrhundert-Party am 20. Mai“ stand: „Eine 20. Jahrhundert-Party am 20. Mai.“ O je!

Wieder so viele neue Wörter! Aber hier gibt es auch Bilder. Also, Vickys Kleid ist „mit einem Blumenmuster“. Tja, das Kleid hat viele Blumen darauf, also vielleicht ist „Blumenmuster“ „flowery pattern“? Und „Sandalen“ sieht wie das englische Wort aus – „sandals“. Also, so viele total neue Wörter sind es doch nicht!

G Wiederholung

Adjective endings after *einen, eine, ein*

	m	*f*	*n*
Er trägt	einen gelb<u>en</u> Hut	eine rot<u>e</u> Hose	ein eng<u>es</u> T-Shirt

Adjective endings in plural

	pl
Er trägt	dick<u>e</u> Stiefel

Lern weiter ▶ 7.2, Seite 136

Partnerarbeit. Stellt Fragen und beantwortet sie.

Beispiel: ▲ Wer trägt (ein langes Kleid)?
● (Vicky.) Wer trägt (eine schwarze Sonnenbrille)?

Wer trägt	einen	gelben Hut?
	eine	gestreifte Hose / schwarze Sonnenbrille / bunte Perlenschnur?
	ein	enges T-Shirt / langes Kleid?
	braune Sandalen / dicke Stiefel / große Ohrringe?	
Wer hat	wilde/lange Haare?	

Hör zu. Was haben die anderen Gäste auf der Party getragen? Notiere das Outfit und den Preis. (1–4)

Beispiel: 1 schwarze Stiefel, enge gestreifte Hose, weißes T-Shirt – €117

Was hat das im Second-Hand-Laden gekostet? Wie findest du das Outfit?

Beispiel: 1 Der rote Hut hat vier Euro gekostet und das schwarze T-Shirt hat vier Euro fünfzig gekostet, also hat das ganze Outfit acht Euro fünfzig gekostet. Der rote Hut ist ein bisschen blöd, aber das schwarze T-Shirt gefällt mir gut.

1. Ich habe einen roten Hut und ein schwarzes T-Shirt im Second-Hand-Laden gekauft.
2. Ich habe eine karierte Hose und eine schwarze Sonnenbrille gekauft.
3. Ich habe weiße Sandalen und ein buntes Kleid gekauft.
4. Ich habe ein schwarzes T-Shirt und schwarze Stiefel im Second-Hand-Laden gekauft.
5. Ich habe eine karierte Hose, eine coole Sonnenbrille und ein grünes T-Shirt gekauft.

Was hast du zur Party getragen? Beschreib und zeichne dein Outfit für eine Party aus dem 20. Jahrhundert. Vergleich dann dein Outfit mit einem Partner / einer Partnerin.

Beispiel: Letzten Samstag bin ich zur 20. Jahrhundert-Party gegangen. Die Party war echt super und ich habe ein tolles Outfit getragen. Ich bin als ein Punker aus den siebziger Jahren gegangen …

6 Das Geldspiel

Talking about what you will do with your money
Playing a game

Hör zu und lies. Wem gehört das?
Beispiel: a Aschi

a 

b

c 

d 

e 

Was wird man mit dem Geld machen?

Seit zwei Jahren hat **Guido** sein Taschengeld gespart und jetzt hat er zweihundert Euro auf dem Konto. Er wird das Geld bald abheben und ausgeben. Ende April wird er nach Spanien fahren.
Vicky findet es gar nicht so einfach zu sparen, aber jetzt hat sie endlich mal fünfundzwanzig Euro zusammengekriegt. Am Samstag wird sie in die Stadt fahren und einen Walkman kaufen.
Aschi spart ziemlich gern. Diesen Monat hat er fünfundvierzig Euro gespart. Er wird damit neue Kleidung kaufen.
Letzte Woche hat **Daniela** zwanzig Euro zum Geburtstag bekommen. Sie wird ins Kino gehen und das Geld dort ausgeben.
Nicole hat hundertfünfzig Euro im Friseursalon verdient und gespart. Sie wird damit ein Handy kaufen.

Hör zu und mach Notizen. Wer hat das meiste Geld auf dem Konto? (1–4)
Beispiel: 1 €62 – Jacke kaufen (€50) = €12 auf dem Konto

„Geld ausgeben macht mehr Spaß als Geld sparen." Was meinst du?
Beispiel: Ich spare sehr gern und im Moment habe ich hundert Pfund auf dem Konto. ...

<table>
<tr><td>Ich habe</td><td colspan="2">... gespart/verdient.</td></tr>
<tr><td rowspan="7">Ich werde</td><td>einen Computer/Walkman</td><td rowspan="4">kaufen.</td></tr>
<tr><td>eine Sonnenbrille/Hose/Stereoanlage</td></tr>
<tr><td>ein Fahrrad/Kleid/Handy</td></tr>
<tr><td>Stiefel/Sportschuhe/CDs/Kleidung</td></tr>
<tr><td>ins Kino / in die Disco</td><td>gehen.</td></tr>
<tr><td>nach Italien/Spanien</td><td>fahren.</td></tr>
<tr><td>es</td><td>sparen.</td></tr>
</table>

Partnerarbeit. Das Geldspiel.

Beispiel:
▲ Also, ich bin dran. Ich habe eine (Drei. Eins, zwei, drei). 
● Das ist (grün). Wie viel Geld hast du (gespart)?
▲ Ich habe (fünfzig Euro gespart. Das finde ich super.)
● Und was wirst du damit machen?
▲ Ich werde (eine neue Jacke kaufen). Du bist dran.
● O.K. Also, ich habe eine (Fünf. Eins, zwei, drei, vier, fünf). 
▲ Das ist (rot). Wie viel Geld hast du (verdient)?
● Ich habe (fünfzehn Euro verdient. Ach, das ist nicht viel.)
▲ Und was wirst du damit machen?
● Ich werde (es sparen).

 = Wie viel Geld hast du verdient?  = Wie viel Geld hast du gespart?

!! = Zwei Felder zurück! Fehler = Einmal aussetzen!

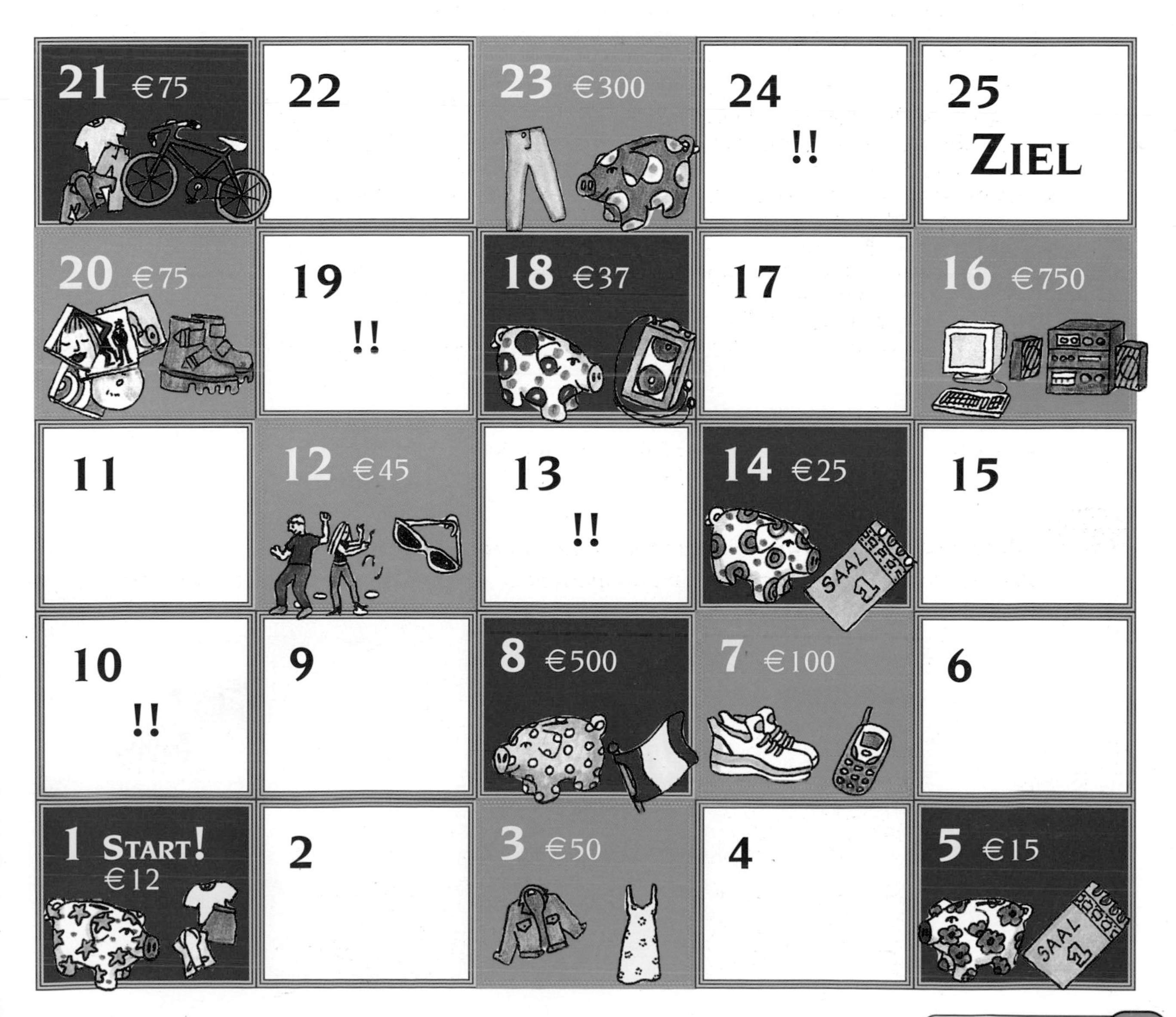

7 Ein Job in Ehren

Hör zu und mach das Buch zu. Wie viel kannst du verstehen? Mach Notizen.
Beispiel: Semir – Fußball – Co-Trainer – 2 Gruppen – 34 …

Lies jetzt den Artikel aus *JUMA* und vergleich ihn mit deinen Notizen.

Sie machen einen Job, aber bekommen kein Geld dafür. Trotzdem haben Semir, Martina und die anderen jede Menge Spaß. Sie sagen: „Ein Ehrenamt ist eine gute Sache. Man trägt Verantwortung und bekommt Selbstvertrauen." JUMA stellt die fünf vor. Semir, Martina, Arne, Sabrina und Anne.

Semir (18)

„Seit drei Jahren trainiere ich die kleinsten Kicker des Fußballvereins TuS Heven, zusammen mit meinem Co-Trainer Christian. Mir macht es riesig viel Spaß. Wir haben zwei Gruppen mit 34 Spielern. Die Begeisterung der Jungs ist toll. Die haben nie schlechte Laune. Sie sind immer gut drauf. Ich selbst spiele in einem anderen Verein Fußball. Trotzdem will ich hier Trainer bleiben. Ich profitiere von dem Kicken mit den Kurzen. Wir versuchen den Jungs ‚Fairplay' beizubringen. Unser Motto ist ‚Sich immer vertragen!'"

Martina (17)

„Ich singe wahnsinnig gern. Seit über sieben Jahren bin ich im Chor des Ruhrgymnasiums. Irgendwann hat mich der Chorleiter angesprochen. Ich sollte mithelfen. Seitdem leite ich unsere Übungsgruppe. Außerdem mache ich Werbeplakate für unsere Auftritte. Ich gestalte sie am Computer. Dann gehen wir in Geschäfte. Wir bitten darum, dass man die Plakate aushängt. Wir singen klassische und moderne Musik: Die ‚Carmina Burana' von Carl Orff, den ‚Messias' von Georg Friedrich Händel oder Stücke der ‚Beatles'. Das Beste ist aber die Gemeinschaft unter uns 50 Leuten."

Arne (17)

„Ich bin in unserer evangelischen Kirchengemeinde aktiv. Seit zwei Jahren helfe ich bei Jugendfreizeiten. Dieses Jahr fahre ich mit 13- bis 17-jährigen Schülern nach Frankreich. Meine Freunde und ich bereiten die Fahrten vor. Wir entwerfen das Programm mit Liederabenden, Workshops, Spielen und Gottesdiensten. Wir kümmern uns um die Unterkunft, die Verpflegung, die Reiseapotheke, die Zimmerverteilung und den Spüldienst. Bei der Planung gibt es meistens viel zu lachen. Während der Reise ist man für vieles verantwortlich. Man muss auf vieles achten. Schön ist, dass man viele Leute und Landschaften kennen lernt. Selbst, wenn man vorher viel Arbeit hatte."

Sabrina (14) und Anne (14)

„Wir betreuen die Mädchenturngruppe unseres Turnvereins ‚Blau-Weiß Annen'. Das machen wir seit fast drei Jahren. Unsere ‚Babys' sind 6 bis 11 Jahre alt. 15 bis 20 Mädels kommen regelmäßig. Die Begeisterung der Kleinen ist klasse. Am schönsten finden sie das Turnen auf Bodenmatten, am Reck, am Stufenbarren und am Schwebebalken. Die Kleinen sind immer gut gelaunt. Sie erzählen uns viele Geschichten aus ihrem Alltag. Sie haben Vertrauen zu uns. Das ist die Belohnung für unsere Zeit und Mühe. Vielleicht sind wir bessere Ansprechpartner als die Erwachsenen. Wir möchten dieses Ehrenamt noch lange machen."

1c Wer ist das?

Beispiel: 1 Sabrina und Anne

1 Wer turnt gern?
2 Wer spielt gern Fußball?
3 Wer singt gern?
4 Wer geht gern in die Kirche?
5 Wer arbeitet mit kleinen Jungen?
6 Wer organisiert Reisen?
7 Wer arbeitet mit jungen Mädchen?
8 Wer hilft mit der Werbung?
9 Wer ist sportlich?
10 Wer ist musikalisch?

O je, im Artikel gibt es viele neue Wörter. Hilfe! Aber ich muss nicht jedes Wort verstehen, um den Artikel zu lesen. Wenn ich ein Wort nicht erraten kann, kann ich immer ins Wörterbuch schauen oder ich könnte mit einem Partner / einer Partnerin zusammenarbeiten. So geht's schneller!

1d Beantworte die Fragen.

Beispiel: 1 Er arbeitet mit Christian.

1 Mit wem arbeitet SEMIR?
2 Gefällt ihm die Arbeit?
3 Wie sind die jungen Kickers?
4 Wo spielt Semir Fußball?
5 Wie heißt sein Motto auf Englisch?
6 Seit wann ist MARTINA im Chor?
7 Wie hilft sie jetzt im Chor?
8 Was macht sie sonst?
9 Was für Musik singt der Chor?
10 Wie viele Leute gibt es im Chor?
11 Womit hilft ARNE?
12 Was macht er dieses Jahr?
13 Was steht auf dem Programm?
14 Was muss er sonst noch planen?
15 Was gefällt ihm an der Arbeit?
16 Was betreuen SABRINA und ANNE?
17 Seit wann machen sie das?
18 Wer ist in der Gruppe?
19 Was gefällt den Kindern am besten?
20 Was ist die Belohnung für Sabrina und Anne?

1e Welchen Job findest du am interessantesten? Übersetze den Absatz ins Englische.

2 Partnerarbeit. Übt Interviews mit den Jugendlichen aus dem Artikel.

Beispiel:
▲ Wie heißt du?
● Ich heiße (Semir).
▲ Wie alt bist du?
● Ich bin (achtzehn) Jahre alt.
▲ Wo arbeitest du?
● Ich arbeite (beim Fußballverein TuS Heven).
▲ Warum machst du das?
● Ich mache das, weil (es mir viel Spaß macht).
▲ Was hast du letztes Wochenende mit der Gruppe gemacht?
● (Tja, wir haben uns um acht Uhr am Fußballplatz getroffen und wir haben zuerst Gymnastiktraining gemacht. Das hat ungefähr dreißig Minuten gedauert und dann …)

3 Was ist für dich ein idealer Job in Ehren? Schreib einen Absatz darüber für den Artikel.

Beispiel: Ich mache sehr gern Gartenarbeit und seit vier Jahren arbeite ich in einem Garten in meiner Stadt. Der Garten ist im Altersheim und samstags gehe ich immer dahin, um im Garten zu arbeiten. Die Arbeit gefällt mir sehr, weil ich gern draußen arbeite. Die alten Leute im Altersheim sind immer froh, wenn der Garten schön aussieht. Letzten Samstag habe ich dort gearbeitet und …

Lernzieltest

Check that you can:

1	• ask a friend if he/she has got a job	*Hast du einen Job?*
	• say where you work and when	*Ich arbeite im Supermarkt. Das mache ich samstags.*
	• ask a friend how he/she finds the job	*Wie findest du den Job?*
	• say how you find the job	*Total langweilig. / Ein bisschen anstrengend.*
2	• ask a friend what personal qualities he/she has	*Bist du freundlich? Bist du hilfsbereit?*
	• say what your personal qualities are	*Ich bin sehr intelligent. Manchmal bin ich ein bisschen launisch.*
3	• ask a friend what he/she is saving for	*Worauf sparst du?*
	• say what you are saving for	*Ich spare auf die Ferien. Ich spare auf den Führerschein.*
	• ask what something costs	*Was kostet dieser Fotoapparat?*
	• say what something costs	*Dieses Mofa kostet viertausend Euro.*
	• count to 10,000	*viertausend, fünftausend, sechstausendachthundert …*
4	• buy clothes	*Kann ich bitte diese T-Shirts anprobieren?*
	• talk about which clothes fit best	*Welche Hose passt dir am besten? Die schwarzen Schuhe sind genau richtig. Der rote Rock ist ein bisschen zu klein.*
5	• ask what somebody is wearing	*Wer trägt einen blauen Hut? Wer trägt weiße Sandalen?*
	• say what somebody is wearing	*Vicky trägt ein langes Kleid und große Ohrringe.*
6	• ask a friend how much money he/she has saved/earned	*Wie viel Geld hast du gespart/ verdient?*
	• say how much money you have saved/earned	*Ich habe fünfzig Euro gespart/ verdient.*
	• talk about what you will do with the money	*Was wirst du mit dem Geld machen? Ich werde ein Auto kaufen.*

Wiederholung

1 Hör zu. Schreib die Tabelle ab und füll sie aus. (1–4)

wo?	wann?	wie?	sparen?
Restaurant	samstags 10–4	interessant	Mofa

2 Partnerarbeit. Mach Interviews mit folgenden Fragen.

Beispiel: ▲ Hast du einen Job?
● Ja, ich (arbeite im Supermarkt).

Wann arbeitest du?

Gefällt dir der Job? Warum (nicht)?

Wie viel hast du letzten Monat verdient?

Wie viel hast du gespart?

Was wirst du mit dem Geld machen?

Worauf sparst du?

Was hast du letzten Monat gekauft?

Wie viel hat das gekostet?

3 Lies die E-Mail und beantworte die Fragen.

Beispiel: 1 Sie trägt Zeitungen aus und sie macht Babysitting.

1 Was sind Kims Jobs?
2 Wann muss sie am Wochenende aufstehen?
3 Wie muss sie sein?
4 Was ist am Samstag passiert?
5 Was hat Kim gekauft?
6 Was ist am Mittwochabend passiert?
7 Bei welchem Job verdient sie mehr?
8 Was wird Kim hoffentlich im Mai kaufen?
9 Warum braucht sie das?
10 Was ist Nadine passiert?

Hallo Nadine,
endlich mal habe ich zwei Jobs gefunden! Am Wochenende trage ich jetzt Zeitungen aus. Das finde ich sehr anstrengend, weil ich um sieben Uhr aufstehen muss! Ich arbeite von halb acht bis zehn Uhr und ich bekomme 15 Euro dafür. Ich muss immer pünktlich und freundlich sein, aber um acht Uhr morgens finde ich das ein bisschen schwierig! Letzten Samstag war es schrecklich, weil ich den Wecker gar nicht gehört habe: Ich bin vierzig Minuten zu spät zum Kiosk gekommen. Der Besitzer war sehr böse, also habe ich am Nachmittag einen zweiten Wecker gekauft – hoffentlich wird es jetzt nie wieder passieren, dass ich zu spät bin! Am Mittwochabend mache ich auch Babysitting. Das finde ich O.K., aber ich muss sehr höflich und geduldig sein – das ist nicht einfach. Letzten Mittwoch war das Kind krank – es hat den ganzen Abend geheult. Das war schrecklich und am nächsten Morgen hatte ich furchtbare Kopfschmerzen! Ich bekomme fünf Euro pro Stunde dafür, also lohnt es sich fast nicht, wenn das Kind krank ist! Im Moment spare ich auf eine neue Stereoanlage, weil meine sehr alt und fast kaputt ist. Hoffentlich werde ich sie im Mai kaufen können – jetzt ist erst Februar! Wie geht's mit dem Job im Restaurant? Was ist letztes Wochenende passiert? Du hattest eine Katastrophe mit der Suppe, oder? Patrick hat es mir erzählt, aber was ist genau passiert? Erzähl mir alles darüber!
Schreib bald!
Deine Kim

4 Schreib eine Antwort an Kim und vergleich sie mit deinem Partner / deiner Partnerin. Wer hatte die größte Katastrophe?

Beispiel: Hallo Kim,
vielen Dank für deine E-Mail. Ja, letztes Wochenende war eine totale Katastrophe! Ich habe im Restaurant gearbeitet, aber alles ist schief gegangen, weißt du. Zuerst hatte der Bus Verspätung, also bin ich zehn Minuten zu spät zum Restaurant gekommen. Das war furchtbar, aber dann war meine Uniform nicht in der Tasche – sie war noch zu Hause, und in der Tasche hatte ich nur eine alte Jacke! Mensch! …

Wörter

Jobs	Part-time jobs
Hast du einen Job?	*Have you got a part-time job?*
Ja, ich arbeite ...	*Yes, I work ...*
im Friseursalon.	*at the hairdresser's.*
im Restaurant.	*at the restaurant.*
Ich trage Zeitungen aus.	*I deliver newspapers.*
Ich wasche das Auto.	*I wash the car.*
Ich helfe zu Hause.	*I help at home.*
Ich mache Gartenarbeit.	*I do garden work.*
Wann machst du das?	*When do you do that?*
Das mache ich ...	*I do that ...*
samstags.	*on Saturdays.*
freitags.	*on Fridays.*
in den Ferien.	*in the holidays.*
jeden Tag.	*every day.*
von (zwei) Uhr bis (fünf) Uhr.	*from (two) o'clock till (five) o'clock.*
Und wie findest du den Job?	*And how do you find the job?*
Ich finde den Job ...	*I find the job ...*
interessant.	*interesting.*
langweilig.	*boring.*
klasse.	*great.*
anstrengend.	*tiring.*
sehr (langweilig).	*very (boring).*
total (klasse).	*totally (great).*
ziemlich (interessant).	*quite (interesting).*
ein bisschen (anstrengend).	*a bit (tiring).*

Charaktereigenschaften	Characteristics
Bist du (geduldig)?	*Are you (patient)?*
Ja, ich bin sehr (geduldig).	*Yes, I am very (patient).*
Ja, ich bin ziemlich (geduldig).	*Yes, I am quite (patient).*
Nein, ich bin gar nicht (geduldig).	*No, I'm not at all (patient).*
computererfahren	*computer-literate*
geduldig	*patient*
gut gelaunt	*even-tempered*
fleißig	*hard-working*
freundlich	*friendly*
hilfsbereit	*helpful*
höflich	*polite*
ordentlich	*tidy*
pünktlich	*punctual*
sportlich	*sporty*
vernünftig	*sensible*

Sparen und ausgeben	Saving and spending
Worauf sparst du?	*What are you saving for?*
Ich spare auf ...	*I'm saving for ...*
einen Computer.	*a computer.*
Computerspiele.	*computer games.*
die Ferien.	*the holidays.*
den Führerschein.	*my driving licence.*
Kleidung.	*clothes.*
ein Mofa.	*a moped.*
eine Stereoanlage.	*a hi-fi.*
CDs.	*CDs.*
Videos.	*videos.*
Hast du ein Sparkonto?	*Have you got a savings account?*
Was kostet ...	*How much is ...*
dieser Fotoapparat?	*this camera?*
diese Stereoanlage?	*this hi-fi?*
diese Jacke?	*this jacket?*
dieses Mofa?	*this moped?*
Fünfundzwanzig Euro.	*Twenty-five euros.*

Geld	Money
Wieviel Geld hast du verdient?	*How much money have you earned?*
Wieviel Geld hast du gespart?	*How much money have you saved?*
Ich habe fünfzig Euro verdient.	*I earned fifty euros.*
Was wirst du damit machen?	*What will you do with it?*
Ich werde ...	*I'll buy ...*
einen Computer kaufen.	*a computer.*
eine Sonnenbrille kaufen.	*a pair of sunglasses.*

eine Stereoanlage kaufen.	*a hi-fi.*
ein Handy kaufen.	*a mobile phone.*
Stiefel kaufen.	*boots.*
CDs kaufen.	*CDs.*
Kleidung kaufen.	*clothes.*
Ich werde ins Kino gehen.	*I'll go to the cinema.*
Ich werde in die Disco gehen.	*I'll go to the disco.*
Ich werde nach Italien fahren.	*I'll go to Italy.*
Ich werde es sparen.	*I'll save it.*

Im Second-Hand-Laden	***At the second-hand shop***
Hallo, kann ich dir helfen?	*Hello, can I help you?*
Ja, kann ich bitte diese (Jacken) anprobieren?	*Yes, can I try on these (jackets) please.*
Röcke	*skirts*
Hosen	*trousers*
Jacken	*jackets*
T-Shirts	*T-shirts*
Ja, natürlich.	*Yes, of course.*
Die Kabine ist dort drüben.	*The changing room is over there.*
Na (welches T-Shirt) passt dir am besten?	*Now (which T-shirt) fits you best?*
welcher Rock	*which skirt*
welche Hose	*which trousers*
welches T-Shirt	*which T-shirt*

Stiefel (m) (-)

Das (grüne T-Shirt) ist (genau richtig).	*The (green T-shirt) is (just right).*
der blaue Rock	*the blue skirt*
die karierte Hose	*the checked trousers*
das rote T-Shirt	*the red T-shirt*
genau richtig	*just right*
zu groß	*too big*
zu klein	*too small*
zu lang	*too long*
zu kurz	*too short*
O.K., die Schuhe kosten (vierzig) Euro, bitte.	*OK, the shoes cost (forty) euros, please.*
Ach, das ist sehr preiswert.	*Oh, that is very good value.*
Vielen Dank.	*Thanks a lot.*

Outfits	***Outfits***
Wer trägt ...	*Who is wearing ...*
einen gelben Hut?	*a yellow hat?*
eine rote Hose?	*a red pair of trousers?*
eine bunte Perlenschnur?	*a bright bead necklace?*
ein enges T-Shirt?	*a tight T-shirt?*
braune Sandalen?	*brown sandals?*
dicke Stiefel?	*heavy boots?*
Wer hat wilde Haare?	*Who has got wild hair?*
Wer hat lange Haare?	*Who has got long hair?*

6 Kein Problem

1 Meine Familie

Talking about your family

1a Hör zu und wiederhole.

Meine Familie:
Eltern:
Jörg und Katrina
Brüder:
Frank und Felix
Schwester: Iris

Meike: Meine Eltern gehen mir auf die Nerven. Ich finde sie zu streng und altmodisch.

Meine Familie:
Vater: Sebastian
Stiefmutter: Laura
Stiefbruder: Max
Bruder: Oliver
Halbbruder: Daniel

Ingrid: Ich verstehe mich nicht gut mit meinem Stiefbruder. Ich finde ihn so doof.

Meine Familie:
Mutter: Vera
Stiefvater: Thomas
Stiefschwester: Sabine
Stiefbrüder: Pete und Torsten
Halbschwester: Margit

Patrick: Ich komme gut mit meiner Halbschwester aus. Ich finde sie sehr nett und geduldig.

Meine Familie:
Vater:
Christian
Schwestern:
Lotte und Sophie

Latze: Mein Vater geht mir oft auf die Nerven. Ich finde ihn sehr launisch und nervig.

1b Schreib sechs Fragen für deinen Partner / deine Partnerin auf. Tauscht dann die Fragen und beantwortet sie.

Beispiel:
1 Wer hat einen Bruder? (Ingrid)
2 Wer hat strenge Eltern? (Meike)

2a Such dir die Familienwörter oben aus und ordne sie.

Beispiel:

der	die	die	die	die
	Schwester	Brüder		Eltern

2b Partnerarbeit. Person B (●) macht das Buch zu.

Beispiel:
▲ Wie heißt (Patricks Stiefschwester)?
● (Seine Stiefschwester heißt Sabine.)
▲ (Richtig.) Wie heißt (Ingrids Vater)?
● (Ihr Vater heißt Torsten.)
▲ (Falsch! Er heißt Sebastian.) Jetzt bin ich dran. *(Mach das Buch zu.)*

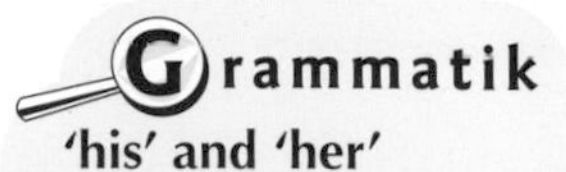

'his' and 'her'

	m	*f*	*n*	*pl*
his	sein	seine	sein	seine
her	ihr	ihre	ihr	ihre

Lern weiter ▶ 1.6, Seite 124

Hör zu und mach Notizen. Positiv ☺ oder negativ ☹? (1–4)
Beispiel: 1 Meike: Eltern – streng/altmodisch ☹, Brüder ...

Lies den Artikel und such dir Wörter zu folgenden Themen aus.
Beispiel: 1 sieben, ...

1 Zahlen
2 Familienmitglieder
3 positive Adjektive
4 negative Adjektive

Patrick hat sieben in der Familie. Seine Mutter heißt Vera und ist vierzig Jahre alt. Er findet sie sehr nett, aber manchmal ist sie schlecht gelaunt – besonders beim Frühstück! Sein Stiefvater, Thomas, ist fünfundvierzig Jahre alt und intelligent. Patrick findet ihn aber auch sehr streng und das geht ihm auf die Nerven. Er hat auch eine Stiefschwester und zwei Stiefbrüder, aber er sieht sie kaum, weil sie bei ihrer Mutter wohnen. Patricks Halbschwester geht ihm nicht auf die Nerven. Er findet sie sehr nett und geduldig.

Erfinde eine Familie für eine Seifenoper. Mach eine Liste.
Beispiel: Mutter – lustig, Stiefvater – nervig, zwei Brüder – geduldig/nett

Partnerarbeit. Vergleicht eure Seifenoper-Familien.
Beispiel:
▲ Wie ist deine Familie?
● Also, es gibt (eine Mutter, einen Stiefvater und zwei Brüder). Und deine Familie?
▲ Also, ich habe (eine Mutter, einen Vater, zwei Schwestern und einen Bruder).
● Wie findest du (deine Mutter)?
▲ Ich finde (sie sehr lustig). Wie findest du (deinen Vater)?
● Ich finde (ihn ziemlich altmodisch).

Es gibt Ich habe	einen	Vater/Stiefvater/Bruder/Halbbruder/Stiefbruder.
	eine	Mutter/Stiefmutter/Schwester/Halbschwester/Stiefschwester.
	zwei/...	Schwestern/Brüder/Halbschwestern/Halbbrüder/Stiefschwestern/ Stiefbrüder.
Wie findest du deinen/deine ... ?		
Ich finde ihn/sie		O.K. / lustig / nett / freundlich / geduldig / gut gelaunt / klasse. streng/launisch/nervig/altmodisch/doof.

Beschreib deine Seifenoper-Familie mit so vielen Details wie möglich. Patricks Text oben hilft dir dabei.
Beispiel: Es gibt sechs in der Familie. Sophia ist die Hauptperson. Ihr Vater heißt Harold und ist fünfzig Jahre alt. Er ist ziemlich groß und hat schwarze, lockige Haare. Er arbeitet im Kiosk und Sophia findet ihn ein bisschen langweilig. ...

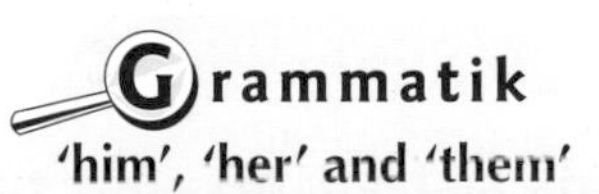

'him', 'her' and 'them'

Ich finde ihn nett. — *I find him nice.*
Ich finde sie lustig. — *I find her funny.*
Ich finde sie streng. — *I find them strict.*

Lern weiter ▶ 2, Seite 124–125

2 Zu Hause

Talking about what you are and are not allowed to do at home

HÖREN **1a** **Hör zu und wiederhole. Was passt zusammen? (1–10)**
Beispiel: 1 e

Hausordnung – zu Hause:

Wir haben 100 Teenies im Alter von 14–16 gefragt:
Was darfst du zu Hause nicht machen?
Hier sind die Top-Antworten:

- **a** Ich darf keine Haustiere haben.
- **b** Ich darf keinen Job haben.
- **c** Ich darf nicht spät wegbleiben.
- **d** Ich darf keine laute Musik spielen.
- **e** Ich darf nicht bei Freunden übernachten.
- **f** Ich darf nicht allein in die Stadt fahren.
- **g** Ich darf keine Pommes essen.
- **h** Ich darf nicht rauchen.
- **i** Ich darf nicht am Vormittag fernsehen.
- **j** Ich darf kein Piercing haben.

Hast du die gleichen Regeln? Schreib Sätze.
Beispiel: **a** Ich darf keine Haustiere haben.
b Ich darf einen Job haben.

Hör zu und mach Notizen. Was darf man (nicht) machen? (1–10)
Beispiel: **1** Musik – ✗

Partnerarbeit. Rate mal, was dein Partner / deine Partnerin machen darf!

Beispiel:
▲ Du darfst (kein Piercing haben), oder?
● (Doch, ich darf ein Piercing haben.) Du darfst (nicht rauchen), oder?
▲ (Stimmt, ich darf nicht rauchen.)

Du darfst	nicht	spät wegbleiben,	oder?
		bei Freunden übernachten,	
		allein in die Stadt fahren,	
		am Vormittag fernsehen,	
		rauchen,	
	keinen	Job haben,	
	keine	laute Musik spielen,	
	kein	Piercing haben,	
	keine	Haustiere haben,	
	keine	Pommes essen,	
Stimmt, ich darf nicht/keinen/keine/kein …			
Doch, ich darf …			

Lies den Text. Schreib Sätze für Ingrid.
Beispiel: 1 Ingrid darf ein Piercing haben.

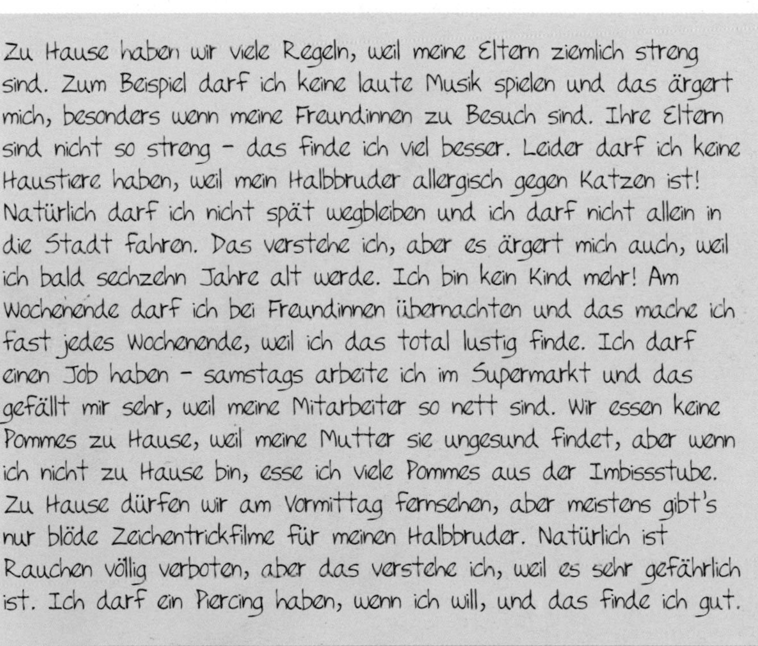
Zu Hause haben wir viele Regeln, weil meine Eltern ziemlich streng sind. Zum Beispiel darf ich keine laute Musik spielen und das ärgert mich, besonders wenn meine Freundinnen zu Besuch sind. Ihre Eltern sind nicht so streng – das finde ich viel besser. Leider darf ich keine Haustiere haben, weil mein Halbbruder allergisch gegen Katzen ist! Natürlich darf ich nicht spät wegbleiben und ich darf nicht allein in die Stadt fahren. Das verstehe ich, aber es ärgert mich auch, weil ich bald sechzehn Jahre alt werde. Ich bin kein Kind mehr! Am Wochenende darf ich bei Freundinnen übernachten und das mache ich fast jedes Wochenende, weil ich das total lustig finde. Ich darf einen Job haben – samstags arbeite ich im Supermarkt und das gefällt mir sehr, weil meine Mitarbeiter so nett sind. Wir essen keine Pommes zu Hause, weil meine Mutter sie ungesund findet, aber wenn ich nicht zu Hause bin, esse ich viele Pommes aus der Imbissstube. Zu Hause dürfen wir am Vormittag fernsehen, aber meistens gibt's nur blöde Zeichentrickfilme für meinen Halbbruder. Natürlich ist Rauchen völlig verboten, aber das verstehe ich, weil es sehr gefährlich ist. Ich darf ein Piercing haben, wenn ich will, und das finde ich gut.

Was darfst du zu Hause machen? Was darfst du nicht machen? Schreib einen Text und nimm ihn auf Kassette auf.

Beispiel: Zu Hause haben wir nicht viele Regeln. Meine Eltern sind nicht sehr streng und ich darf ziemlich viel machen. Ich darf aber nicht rauchen, weil es sehr ungesund ist. …

3 Probleme

Talking about problems

Lies die Briefe. Finde die Sätze auf Deutsch in den Briefen.
Beispiel: 1 ... jetzt geht er mit meiner besten Freundin aus.

1 ... now he's going out with my best friend.
2 I'm lovesick.
3 ... I can't stand it.
4 I'm still in love with him ...
5 ... I'm not allowed to invite any friends.
6 If it goes on like this, I'll run away.
7 When she gets her money, she always just buys cigarettes with it.
8 Last week my boyfriend chucked me ...

Meine Freundin raucht

Ich habe ein großes Problem mit meiner Freundin, weil sie zu viel raucht. Sie raucht immer, weil sie das cool findet. Sie hat einen Job im Restaurant, aber das macht sie nur, um Geld für Zigaretten zu verdienen. Wenn sie ihr Geld bekommt, kauft sie immer nur Zigaretten damit. Ich will ihr helfen, aber sie hört mir nicht zu. Was soll ich tun? Wenn sie so weitermacht, werde ich nicht ihr Freund bleiben.

Latze, 15 Jahre

Ich habe Zoff mit den Eltern

Meine Eltern gehen mir total auf die Nerven. Sie sind so streng und altmodisch. Zu Hause darf ich nichts machen: Ich darf kaum fernsehen (nur Dokumentarfilme und die Nachrichten), ich darf keine Musik spielen (meine Eltern mögen Popmusik nicht) und ich darf keine Freunde einladen. Wenn das so weitergeht, werde ich weglaufen.

Meike, 14 Jahre

Ich habe Liebeskummer

Letzte Woche hat mein Freund Schluss mit mir gemacht und jetzt geht er mit meiner besten Freundin aus. Er hat mir gesagt, dass ich zu launisch und kindisch bin. Jetzt sehe ich ihn jeden Tag zusammen mit meiner Freundin in der Schule und das kann ich nicht ausstehen. Ich bin noch in ihn verknallt, aber er will nichts mit mir zu tun haben. Ich kann nichts essen. Wenn das so weitergeht, werde ich krank. Ich bin so traurig. Hilfe!

Ingrid, 14 Jahre

Lies die Briefe und beantworte die Fragen.
Beispiel: 1 Weil sie ihm nicht zuhort.

1 Warum kann Latze seiner Freundin nicht helfen?
2 Warum raucht Latzes Freundin?
3 Warum gehen Meikes Eltern ihr auf die Nerven?
4 Warum darf Meike keine laute Musik spielen?
5 Warum hat Ingrids Freund Schluss mit ihr gemacht?
6 Warum kann Ingrid es nicht ausstehen, ihren Freund in der Schule zu sehen?
7 Warum wird Ingrid krank werden?

Hör zu. Was ist das Problem? (1–6)
Beispiel: 1 Liebeskummer

Liebeskummer | Tabak | Familie | Freunde

Was passt zusammen? Schreib Sätze.

Beispiel: 1 Wenn ich Zoff mit den Eltern habe, bin ich traurig.

1 Wenn ich Zoff mit den Eltern habe,

2 Wenn meine Freunde Drogen nehmen,

3 Wenn meine Freunde mich ärgern,

4 Wenn ich down bin,

5 Wenn ich ein Problem habe,

6 Wenn ich die Schule schwierig finde,

7 Wenn ich Liebeskummer habe,

- bin ich traurig
- spreche ich mit meinen Freunden
- mache ich eine Radtour
- höre ich laute Musik
- mache ich nicht mit
- esse ich nichts
- spreche ich mit dem Lehrer / der Lehrerin

Partnerarbeit. Bereitet eine Radiosendung über Jugendprobleme vor. Nehmt sie dann auf Kassette auf.

Beispiel:

▲ Hallo, heute habe ich (Christian Bauer) im Studio, einen Schüler aus (München). Christian ist (fünfzehn) Jahre alt und hat viele Probleme zu Hause und in der Schule. Grüß dich, (Christian). Was für Probleme hast du zu Hause?

● (Tja, ich habe oft Zoff mit den Eltern, weil sie so streng sind.)

▲ Und was machst du, wenn du (Zoff mit den Eltern hast)?

● Tja, wenn ich (Zoff habe, mache ich eine Radtour. Dann geht's mir besser.)

***mit* + dative**

m mit mein<u>em</u> Vater/Lehrer/Freund/Bruder …
f mit mein<u>er</u> Mutter/Lehrerin/Freundin …
pl mit mein<u>en</u> Freunden/Freundinnen …

Lern weiter ▶ 1.5, Seite 123

5 (SCHREIBEN)

Schreib einen Problembrief wie auf Seite 100.

Beispiel: Ich finde die Schule zu schwierig. …

MINI-TEST

Check that you can:

- talk about your family
- talk about what you are and are not allowed to do at home
- talk about problems

4 Die Zukunft

Talking about your resolutions

1a **Hör zu und wiederhole. Meike, Ingrid, Patrick und Latze haben ihre Pläne für die Zukunft diskutiert. Hier sind ihre Ideen ...**

Ich werde ...
a nicht rauchen.
b ein bisschen Geld wegschenken.
c mehr lesen.
d meine Hausaufgaben rechtzeitig machen.
e einen Job finden.
f ein Instrument lernen.
g umweltfreundlicher leben.
h nicht launisch sein.
i zu Hause mehr helfen.
j früher ins Bett gehen.
10:00

1b **Hör zu. Was werden Meike, Ingrid, Patrick und Latze machen? (1–4)**
Beispiel: 1 Meike: h, ...

2a **Wie findest du die Ideen oben? Ordne sie von 1 (der besten Idee) bis 10.**
Beispiel: 1 Ich werde nicht rauchen.

2b **Partnerarbeit.**

Beispiel:
▲ Was hast du auf Platz (eins)?
● Ich werde (nicht rauchen). Und du?
▲ Ich werde (nicht launisch sein). Was hast du auf Platz (zwei)?

Lies die Texte. Wer hat die meisten Informationen im Text geschrieben?

Meike

Ich werde nicht launisch sein. Ich werde meine Hausaufgaben rechtzeitig machen.

Patrick

Ich werde einen Job finden, weil ich auf ein Mofa spare. Ich werde umweltfreundlicher leben – das finde ich wichtig und ich werde mehr lesen, weil ich gern lese.

Latze

Letztes Jahr habe ich ziemlich viel geraucht, weil meine Freunde alle Raucher waren, aber das finde ich ungesund, also werde ich ab Montag nicht mehr rauchen. Das wird nicht einfach sein. Hoffentlich werde ich auch früher ins Bett gehen, weil ich im Moment bis elf Uhr Computerspiele spiele, und dann bin ich am folgenden Morgen immer total kaputt! Ich werde jetzt um zehn Uhr ins Bett gehen! In Zukunft werde ich auch ein bisschen Geld wegschenken, weil ich das wichtig finde. Ich werde vielleicht jeden Monat zehn Prozent vom Taschengeld wegschenken.

Füg den Texten von Meike und Patrick weitere Informationen hinzu.

Bilde weil-Sätze.

Beispiel: 1 Ich werde umweltfreundlicher leben, weil ich das wichtig finde.

1 Ich werde umweltfreundlicher leben. Ich finde das wichtig.
2 Ich werde einen Job finden. Ich spare auf die Ferien.
3 Ich werde ein Instrument lernen. Ich bin musikalisch.
4 Ich werde zu Hause mehr helfen. Meine Mutter findet das anstrengend.
5 Ich werde keine Drogen nehmen. Ich finde das doof.
6 Ich werde viel Fußball spielen. Das ist mein Lieblingssport.

Texte sind interessanter, wenn die Sätze länger sind („und, aber, weil") und es einige Adjektive („hilfsbereit, wichtig, ungesund") und Details („in Zukunft, ab Montag, auf ein Mofa spare") darin gibt.

G Wiederholung

***weil* + verb to the end**

Ich werde umweltfreundlicher leben, weil ich das wichtig finde.
Ich werde nicht rauchen, weil das ungesund ist.

Lern weiter 5.3, Seite 133

Was wirst du in Zukunft machen? Schreib einen Text und benutz die Wörter rechts mindestens einmal im Text.

Beispiel: Nächstes Jahr werde ich meine Hausaufgaben rechtzeitig machen. Im Moment mache ich das immer spät und dann habe ich Zoff mit den Lehrern. Ich werde auch …

weil aber und auch wenn

Partnerarbeit. Vergleicht eure Texte. Wer hat den interessantesten Text geschrieben?

Was hast du geschrieben?
Wie findest du meinen Text?
Ach, das ist gut.
Wie bitte?
Wie kann ich das interessanter machen?

5 Liebe Ellie

Writing a letter of introduction
Interviewing an older person

Lies den Brief. In welchem Absatz schreibt Patrick über:
Beispiel: 1 b

1 Sport?
2 seine Familie?
3 seine Schule?
4 seine Hobbys?
5 seine Charaktereigenschaften?
6 seinen Wohnort?
7 sein Geld?
8 seine Zukunftspläne?

München, den 14. Mai

Liebe Ellie,

vielen Dank für deinen Brief. Jetzt stell ich mich ein bisschen vor ...

a Ich heiße Patrick und bin fünfzehn Jahre alt. Ich komme aus Berlin, aber ich wohne jetzt mit meiner Mutter, meinem Stiefvater und meiner Halbschwester in München.

b Ich habe viele Hobbys: Ich lese gern (besonders Sportbücher und Comics) und ich gehe gern ins Kino. Am liebsten sehe ich Actionfilme oder Krimis. Ich höre auch gern Popmusik und meine Lieblingsgruppe ist Scooter. Ich bin ziemlich sportlich und ich spiele gern Fußball, Tennis und Handball. Im Winter fahre ich in Österreich gern Ski.

c Ich bin in der neunten Klasse und ich finde die Schule O.K. Ich bekomme meistens gute Noten und mein Lieblingsfach ist Kunst. Ich mag auch Deutsch und Geschichte, aber ich finde Englisch sehr schwierig, weil die Lehrerin immer so schnell spricht! Die Schule beginnt um acht Uhr und endet um halb eins. Am Nachmittag spiele ich mit meinen Freunden und ich mache Hausaufgaben.

d Im Moment suche ich einen Job, weil ich auf ein Mofa spare. Hoffentlich werde ich bald was finden. In den Sommerferien habe ich für die Nachbarn Gartenarbeit gemacht und das war super! Ich habe fünfzig Euro verdient.

e Was willst du sonst wissen? Ach, ja, ich bin intelligent, fleißig und geduldig und nächstes Jahr werde ich nach Amerika fliegen, um meine Tante zu besuchen.

Willst du noch meine Brieffreundin sein? Schreib mir bitte bald!

Dein Patrick

Beantworte die Fragen.
Beispiel: 1 München

1 Wo wohnt Patrick?
2 Was für Bücher liest er gern?
3 Was für Filme sieht er gern?
4 Was für Sport treibt Patrick?
5 Was für Noten bekommt er?
6 Welche Fächer mag er?
7 Warum mag er Englisch nicht?
8 Was hat er in den Sommerferien gemacht?

HÖREN **2** **Hör zu. Mach Notizen über Ingrid, Latze und Meike. (1–3)**
Beispiel: 1 a Ingrid, 14 J., …

a selbst
b Familie
c Hobbys
d Schule
e Geld
f Charaktereigenschaften

So viele Details! Wie schreib ich das alles auf? Ich weiß es. Ich mache kurze Notizen, z.B. J. = Jahre, Vat. = Vater. Dann hör ich die Kassette nochmal an und schreib noch weitere Details auf.

SPRECHEN **3** **Partnerarbeit. Erfindet Radiointerviews mit einer berühmten Person und nehmt sie auf Kassette auf.**
Beispiel:
▲ Wie heißen Sie?
● Ich heiße (Frau Beckham).
▲ Woher kommen Sie?
● Ich komme aus (England).

Wie alt sind Sie?

Mit wem wohnen Sie?

Was sind Ihre Hobbys?

Was haben Sie am Wochenende gemacht?

Wo arbeiten Sie?

Wie viel Geld verdienen Sie?

Worauf sparen Sie?

Sind Sie computererfahren?

Was werden Sie nächstes Jahr machen?

Wiederholung

'you'

Sie:	Wie alt sind Sie?	= adult(s)
du:	Wie alt bist du?	= friend / family member
ihr:	Wie alt seid ihr?	= two or more friends / family members

Lern weiter ▶ 2, Seite 124–125

SCHREIBEN **4** **Schreib einen Brief an Patrick oder Ellie und stell dich vor. Gib so viele Details wie möglich.**
Beispiel:

Hastings, den 12. Juni

Lieber Patrick,/Liebe Ellie,

vielen Dank für deinen Brief. Jetzt stell ich mich ein bisschen vor …

a *Name/Alter/Wohnort/Familie*
b *Hobbys (Musik, Kino, Sport, Computer …) und letztes Wochenende*
c *Schule (Klasse, Lieblingsfächer, Schultag)*
d *Geld (Job, sparen)*
e *Charaktereigenschaften, Zukunftspläne*

Schreib mir bitte bald!

Dein 

Deine 

Lernzieltest Check that you can:

1	●	name members of your family	*Ich habe einen Vater, eine Stiefmutter und eine Halbschwester.*
	●	ask a friend what he/she thinks of his/her family	*Wie findest du deinen Bruder / deine Stiefschwester?*
	●	say what you think of your family	*Ich finde ihn/sie sehr nett / ziemlich launisch / total doof.*
2	●	ask a friend whether he/she is allowed to do certain things	*Du darfst kein Piercing haben, oder? Du darfst keine Pommes essen, oder?*
	●	say what you are / are not allowed to do	*Ich darf nicht rauchen. Ich darf allein in die Stadt fahren.*
3	●	ask a friend what he/she does when he/she has a problem	*Was machst du, wenn du Liebeskummer hast?*
	●	say what you do when you have a problem	*Wenn ich down bin, spreche ich mit meinem Bruder. Wenn meine Freunde Drogen nehmen, mache ich nicht mit.*
4	●	ask a friend what he/she will do in the future	*Was wirst du machen?*
	●	say what you will do in the future	*Ich werde früher ins Bett gehen. Ich werde ein Instrument lernen.*
5	●	write a letter of introduction	*Liebe Ellie / Lieber Patrick ...*
	●	interview an older person	*Wie heißen Sie? Was haben Sie am Wochenende gemacht? Was werden Sie nächstes Jahr machen?*

Wiederholung

1 Hör zu und mach Notizen. (1–10)
Beispiel: 1 Stiefmutter – launisch

2 Hör zu und mach Notizen. Was darf Georgia nicht machen?
Beispiel: ein Piercing haben, ...

3 Partnerarbeit. Seht euch die zwei Info-Karten an (Seite 107). Übt Interviews und erfindet noch drei Details für jede Person.
Beispiel: ▲ Wie heißen Sie?
● Ich heiße (Frau Wagner).

Wie alt sind Sie?

Was werden Sie nächstes Jahr machen? Warum?

Was haben Sie letztes Wochenende gemacht?

Hat Ihnen das gefallen? Warum (nicht)?

Name: Frau Wagner
Alter: 46
Nationalität:

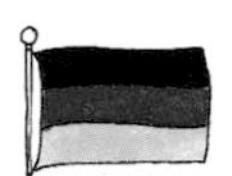

Familie: 2 Brüder, 1 Schwester, 3 Kinder
Zukunftspläne:

Letztes Wochenende:

Name: Herr Thomas
Alter: 42
Nationalität:

Familie: 1 Halbschwester, 3 Brüder, 2 Kinder
Zukunftspläne:

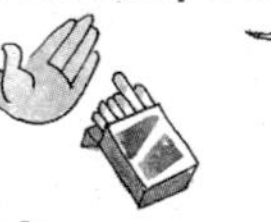

Letztes Wochenende:

4 Lies den Brief und beantworte die Fragen.
Beispiel: 1 Weil sie immer so launisch ist.

1 Warum geht Axels Schwester ihm auf die Nerven?
2 Warum ist sie launisch?
3 Warum war Axel in Hannahs Zimmer?
4 Was hat er dort gefunden?
5 Was kann Axel jetzt machen?
6 Warum wird Hannah Ärger bekommen?

Liebe Tante Pauline,
ich brauche Ihre Hilfe, weil ich ein ernstes Problem habe. Ich bin fünfzehn Jahre alt und wohne mit meiner Mutter und meiner Schwester, Hannah, in Köln. Meine Mutter ist sehr nett und lustig und wir verstehen uns gut, aber meine Schwester geht mir total auf die Nerven, weil sie immer so launisch ist. Letztes Jahr war sie sehr nett und normal, aber seit sie mit einer neuen Clique in der Schule herumgeht, ist sie immer schlecht aufgelegt und total doof. Vorgestern war ich in ihrem Zimmer, um an ihrem Computer zu spielen, und ich habe eine Schachtel Zigaretten und eine kleine Flasche Wodka unter ihrem Bett gefunden. Jetzt weiß ich nicht, was ich machen soll. Soll ich mit meiner Mutter darüber reden oder soll ich lieber mit meiner Schwester reden? Wenn sie mit dieser dummen Clique weiter herumgeht, wird sie sicher Ärger kriegen. Ich möchte ihr helfen, aber wie mache ich das am besten?
Axel, Köln

5 Schreib einen Brief an „Tante Pauline“ über folgendes Problem.

ich habe Liebeskummer

ich habe Zoff mit den Eltern

ich finde die Schule schwierig

Beispiel:

Newcastle, den 24. Juni

Liebe Tante Pauline,

ich brauche Ihre Hilfe, weil ich im Moment furchtbaren Liebeskummer habe. Ich bin vierzehn Jahre alt und ...

Wörter

Die Familie	**The family**
Ich habe ...	*I've got ...*
einen Vater.	*a father.*
einen Stiefvater.	*a step-father.*
einen Bruder.	*a brother.*
einen Halbbruder.	*a half-brother.*
einen Stiefbruder.	*a step-brother.*
eine Mutter.	*a mother.*
eine Stiefmutter.	*a step-mother.*
eine Schwester.	*a sister.*
eine Halbschwester.	*a half-sister.*
eine Stiefschwester.	*a step-sister.*
zwei Schwestern.	*two sisters.*
zwei Brüder.	*two brothers.*
Wie findest du deinen Bruder?	*How do you find your brother?*
Wie findest du deine Schwester?	*How do you find your sister?*
Ich finde ihn (klasse).	*I find him (great).*
Ich finde sie (doof).	*I find her (stupid).*
altmodisch	*old-fashioned*
doof	*stupid*
freundlich	*friendly*
geduldig	*patient*
gut gelaunt	*even-tempered*
O.K.	*OK*
klasse	*great*
launisch	*moody*
lustig	*funny*
nervig	*annoying*
nett	*nice*
streng	*strict*

Zu Hause	***At home***
Darfst du (rauchen)?	*Are you allowed to (smoke)?*
Ja, ich darf ...	*Yes, I am allowed to ...*
ein Piercing haben.	*have a piercing.*
Haustiere haben.	*have pets.*
einen Job haben.	*have a part-time job.*
spät wegbleiben.	*stay out late.*
laute Musik spielen.	*play loud music.*
bei Freunden übernachten.	*stay over with friends.*
allein in die Stadt fahren.	*go into town on my own.*
Pommes essen.	*eat chips.*
am Vormittag fernsehen.	*watch TV in the morning.*
rauchen	*smoke.*
Nein, ich darf nicht ...	*No, I'm not allowed to ...*
spät wegbleiben.	*stay out late.*
bei Freunden übernachten.	*stay over with friends.*
allein in die Stadt fahren.	*go into town on my own.*
am Vormittag fernsehen.	*watch TV in the morning.*
rauchen.	*smoke.*
Nein, ich darf ...	*No, I'm not allowed to ...*
keinen Job haben.	*have a part-time job.*
keine Pommes essen.	*eat chips.*
keine Haustiere haben.	*have pets.*
keine laute Musik spielen.	*play loud music.*
kein Piercing haben.	*have a piercing.*

Probleme	***Problems***
Was machst du, ...	*What do you do when ...*
wenn du ein Problem hast?	*you have a problem?*
wenn du Liebeskummer hast?	*you have problems with your love life?*
wenn du Zoff mit den Eltern hast?	*you argue with your parents?*
wenn du einen Freund / eine Freundin hast?	*you have got a boyfriend/girlfriend?*
wenn du down bist?	*you are feeling down?*
wenn du die Schule schwierig findest?	*you find school difficult?*
wenn deine Freunde Drogen nehmen?	*your friends take drugs?*
wenn deine Freunde dich ärgern?	*your friends annoy you?*

Ich bin down.	*I'm down.*
Ich bin glücklich.	*I'm happy.*
Ich höre laute Musik.	*I listen to loud music.*
Ich mache eine Radtour.	*I go for a bike ride.*
Ich mache nicht mit.	*I don't join in.*
Ich spreche mit meinen Freunden.	*I speak to my friends.*
Ich spreche mit dem Lehrer / der Lehrerin.	*I speak to my teacher.*
Ich esse nichts.	*I don't eat anything.*
Ich esse viel.	*I eat a lot.*

Die Zukunft	**The future**
Ich werde nicht rauchen.	*I won't smoke.*
Ich werde ein bisschen Geld wegschenken.	*I will give away a bit of money.*
Ich werde meine Hausaufgaben rechtzeitig machen.	*I will do my homework on time.*
Ich werde einen Job finden.	*I will find a job.*
Ich werde ein Instrument lernen.	*I will learn an instrument.*
Ich werde umweltfreundlicher leben.	*I will be more environmentally-friendly.*
Ich werde nicht launisch sein.	*I won't be moody.*
Ich werde zu Hause mehr helfen.	*I will help more at home.*
Ich werde früher ins Bett gehen.	*I will go to bed earlier.*

1a Ergänze die Steckbriefe für Olaf, Gabi und Frank.

Beispiel: Name: Olaf Schmidt

Steckbrief

Name:
Alter:
Geburtsort:
Wohnort:
Hobbys:

Hallo, ich heiße Olaf Schmidt und bin fünfzehn Jahre alt. Ich komme aus Dresden, Deutschland, also bin ich Deutscher. Ich wohne in München. Ich spiele gern Tennis und fahre gern Ski.

Hallo, mein Name ist Gabi Ross und ich bin vierzehn Jahre alt. Ich bin Engländerin und komme aus Hull. Jetzt wohne ich aber in Wien, Österreich. Ich sehe gern fern und ich höre gern Musik.

Hallo, ich heiße Frank Max und bin sechzehn Jahre alt. Ich komme aus Paris in Frankreich, aber jetzt wohne ich in Berlin. Ich bin Franzose. Ich gehe gern ins Kino und ich gehe auch gern einkaufen.

1b Mach einen Steckbrief für dich. Kannst du auch einen kurzen Text schreiben?

Beispiel: Name: Robbie Wilson
Ich heiße Robbie Wilson und bin fünfzehn Jahre alt.

2a Was passt zusammen?

Beispiel: 1 g

1 Ich habe Fußball gespielt.
2 Ich habe ferngesehen.
3 Ich bin Ski gefahren.
4 Ich habe Musik gehört.
5 Ich habe Computerspiele gespielt.
6 Ich bin ins Kino gegangen.
7 Ich bin einkaufen gegangen.
8 Ich habe gelesen.

a

b

c

d

e

f

g

h
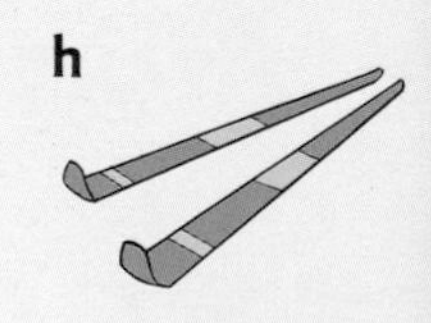

2b Ergänze die Sätze.

Beispiel: 1 Er hat ein Buch gelesen und er hat ferngesehen.

1 Er ... ein Buch gelesen und er ... ferngesehen.
2 Marti ... einkaufen gegangen. Sie ... ein Buch gekauft.
3 Ich ... Tennis im Park gespielt. Ich ... auch ins Kino gegangen.
4 Ich ... einkaufen gegangen und ich ... Computerspiele gespielt.
5 Kai und Marti ... ferngesehen und sie ... Musik gehört.
6 Kai und Marti ... Ski gefahren. Sie ... auch Fußball gespielt.

ich habe/bin
er/sie hat/ist } + Partizip
sie haben/sind

2c Was hast du letztes Wochenende gemacht? Schreib mindestens sechs Sätze.

Beispiel: Ich habe Tennis gespielt.

Beantworte die Fragen für Hannes, Lisa und Nicole.
Beispiel: 1 Ich heiße Hannes Becker.

1 Wie heißt du?
2 Wie alt bist du?
3 Woher kommst du?
4 Welche Nationalität hast du?
5 Wo wohnst du?
6 Was machst du gern?

Name:	Hannes Becker
Alter:	15
Geburtsort:	Rostock, Deutschland
Wohnort:	Frankfurt, Deutschland
Hobbys:	Tennis spielen, Ski fahren

Name:	Lisa Kemp
Alter:	14
Geburtsort:	Leeds, England
Wohnort:	Linz, Österreich
Hobbys:	fernsehen, Musik hören

Name:	Nicole Lehmann
Alter:	16
Geburtsort:	Lyon, Frankreich
Wohnort:	Berlin
Hobbys:	Kino, einkaufen

Beantworte die Fragen für dich.
Beispiel: 1 Ich heiße Robert Jones.

Lies die E-Mail und ergänze die Tabelle mit Ausdrücken im Perfekt. Wie heißt das auf Englisch?

Pronomen	sein/haben	Partizip	Englisch
ich	bin	gefahren	I went

Hallo du!

Wie geht's? Letztes Wochenende war total hektisch, weißt du! Am Samstag bin ich mit meinem Bruder nach Galtür gefahren und wir sind Ski gefahren, aber das war eine Katastrophe. Mein Bruder kann nicht gut Ski fahren und er hat seine Jacke zu Hause vergessen. Um fünf Uhr sind wir nach Hause gekommen – mein Bruder hatte Kopfschmerzen und Schnupfen und ist sofort ins Bett gegangen! Ich habe ferngesehen und ein bisschen Musik gehört, aber das war langweilig, also bin ich früh ins Bett gegangen.

Am Sonntag ist mein Bruder im Bett geblieben – er war sehr krank und hat nichts gegessen und getrunken. Er hat aber drei Stunden lang Computerspiele gespielt, also war er vielleicht doch nicht so krank. Ich habe Hausaufgaben gemacht und ich bin im Internet gesurft. Ich habe interessante Informationen über Sommercamps in Italien gefunden – hoffentlich kann ich im Sommer nach Italien fahren!

Was hast du am Wochenende gemacht? War es hektisch oder langweilig?

Schreib bald!

Karl

Beantworte die Fragen.
Beispiel: 1 Am Samstag

1 Wann ist Karl Ski gefahren?
2 Wer kann nicht gut Ski fahren?
3 Was hat Karls Bruder zu Hause vergessen?
4 Wann sind sie nach Hause gekommen?
5 Was hat Karl am Abend gemacht?
6 Wer hat Computerspiele gespielt?
7 Was hat Karl im Internet gefunden?
8 Wo will er im Sommer hinfahren?

Was hast du am Wochenende gemacht? Schreib eine E-Mail an Karl.
Beispiel: Am Samstag bin ich einkaufen gegangen und habe ein T-Shirt und eine CD gekauft. Ich habe auch im Café gegessen ...

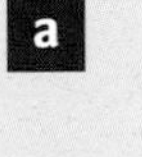

Welches Fach ist das? Du darfst die Vokabelliste auf Seite 40 benutzen.
Beispiel: a Sport

a 
b 
c 
d 
e 
f 
g 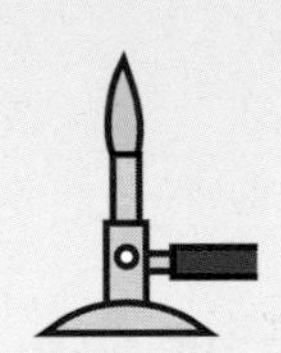
h 
i 
j 
k 
l 

Wie findest du die Fächer oben? Schreib Sätze.
Beispiel: Ich mag Sport nicht, weil es anstrengend ist.

Beantworte die Fragen.
Beispiel: 1 Sport ist besser als Religion.

1 Was ist besser: Sport oder Religion?
2 Was ist nützlicher: Mathe oder Erdkunde?
3 Was ist anstrengender: Physik-Chemie oder Sport?
4 Was ist lustiger: Englisch oder Geschichte?
5 Was ist langweiliger: Biologie oder Französisch?
6 Was ist interessanter: Musik oder Deutsch?

Verbinde die Satzhälften und mach zwei Listen.
Beispiel:

deutsche Schule	britische Schule
1 f Wir essen zu Hause zu Mittag.	

1 Wir essen zu Hause
2 Wir tragen eine Uniform –
3 Wir haben Mathe, Deutsch, Erdkunde usw.
4 Am Nachmittag machen wir Hausaufgaben
5 Wir haben eine Kantine und
6 Samstags haben wir
7 Unsere Schule beginnt um
8 Wir stehen sehr früh auf, weil
9 Wir fahren oft mit dem Bus oder
10 Wir haben viele AGs in der Schule, wie zum Beispiel

a mit dem Auto zur Schule.
b die Schule um Viertel vor acht beginnt.
c nie Schule.
d dort essen wir zu Mittag.
e für Sport, Theater und Musik.
f zu Mittag.
g sie ist rot und schwarz.
h oder wir treffen Freunde.
i im selben Klassenzimmer.
j neun Uhr.

Sieh dir Übung 1 auf Seite 112 an. Wie findest du die Fächer? Schreib Sätze.

Beispiel: Ich mag Sport nicht, weil es anstrengend ist. Ich mag Mathe, weil es interessant ist.

Ergänze die Sätze.

Beispiel: 1 Sport ist gut, aber Religion ist besser.

1 Sport ist gut, aber Religion ...
2 Mathe ist nützlich, aber Erdkunde ...
3 Physik-Chemie ist anstrengend, aber Sport ...
4 Englisch ist lustig, aber Geschichte ...
5 Biologie ist langweilig, aber ...
6 Musik ist interessant, aber ...

Lies den Text über Roberts Schultag und ergänze die Tabelle mit den Verben.

Präsens	Perfekt	Zukunft
ich heiße		

Hallo, ich heiße Robert und bin sechzehn Jahre alt. Ich bin in der zehnten Klasse. Unsere Schule ist O.K., aber die Hausordnung ist ziemlich streng. Letzte Woche habe ich in der Schule geraucht und ich habe viel Ärger bekommen. Am Donnerstag bin ich auch sehr spät zur Schule gekommen – o je! Nächste Woche werde ich pünktlich zur Schule kommen, aber ich fahre immer mit dem Rad und manchmal fahre ich ein bisschen zu langsam, und dann komme ich zu spät an! Die Schule beginnt um acht Uhr, also werde ich nächste Woche um Viertel vor acht ankommen – dann werde ich keinen Ärger bekommen!

Am Nachmittag habe ich frei und mache meistens Hausaufgaben oder spiele Fußball. Heute bin ich aber ins Kino gegangen und habe einen tollen Film gesehen. Der Film war um acht Uhr zu Ende, also habe ich die Hausaufgaben nicht gemacht. O je, morgen werde ich wieder Ärger in der Schule haben. Hilfe!

Richtig, falsch oder nicht im Text?

Beispiel: 1 nicht im Text

1 Robert darf im Gang nicht rennen.
2 Robert ist in der achten Klasse.
3 Letzte Woche hat Robert im Bus geraucht.
4 Am Donnerstag ist er spät zur Schule gekommen.
5 Robert fährt mit dem Auto zur Schule.
6 Die Schule endet um halb eins.
7 Robert wird früher zur Schule fahren.
8 Am Nachmittag hat Robert frei.
9 Heute ist er einkaufen gegangen.
10 Der Film war langweilig.
11 Robert hat die Hausaufgaben nicht gemacht.
12 Morgen wird in der Schule alles O.K. sein.

Schreib einen Text über deinen Schultag. Benutz Verben im Präsens, im Perfekt und in der Zukunft.

Beispiel: Hallo, ich heiße John und bin dreizehn Jahre alt. Ich bin in der neunten Klasse.

Sieh dir die Grafik an. Richtig oder falsch?
Beispiel: 1 Falsch

1 Wenn es schneit, gehe ich Eis laufen.
2 Wenn es heiß ist, spiele ich Tennis.
3 Wenn es windig ist, bleibe ich zu Hause.
4 Wenn es regnet, gehe ich ins Kino.
5 Wenn es regnet, bleibe ich zu Hause.
6 Wenn es sonnig ist, spiele ich Tennis.
7 Wenn es kalt ist, gehe ich Eis laufen.
8 Wenn es schneit, fahre ich Ski.
9 Wenn es sonnig ist, gehe ich Eis laufen.
10 Wenn es heiß ist, bleibe ich zu Hause.

Ergänze die Sätze für dich.
Beispiel: 1 Wenn es schneit, fahre ich Ski.

1 Wenn es schneit, ...
2 Wenn es windig ist, ...
3 Wenn es sonnig ist, ...
4 Wenn es heiß ist, ...
5 Wenn es regnet, ...
6 Wenn es kalt ist, ...

Ski fahren   zu Hause bleiben   Tennis spielen   im See baden   ins Kino gehen   Eis laufen

Sieh dir diese Sätze an. Welche findest du in einem Brief an das Verkehrsamt?
Beispiel: b, ...

a Lieber Klaus,
b Wir sind drei in der Gruppe -
c Mit vielem Dank im Voraus für Ihre Mühe.
d Herta Friedrichsohn
e Ich interessiere mich für Informationen über
f Bis bald!
g Wien, den 13. November
h ich möchte meinen Urlaub gern in Wagrain verbringen und
i wie geht's?
j ein Erwachsener und zwei Kinder (15 und 17 Jahre alt).
k Ski fahren und Eis laufen in der Region.
l Tschüs.
m suche eine Ferienwohnung für die Zeit vom sechsten März bis zwölften März.
n Meine Hobbys sind Skifahren und Eislaufen.
o Deine Tina
p Sehr geehrte Damen und Herren,
q Mit freundlichen Grüßen

Ordne die Sätze und schreib den Brief ab.
Beispiel: Wien, den 13. November

1a Beschrifte die Grafik.

Beispiel: Wenn es sonnig ist, spiele ich Tennis.

1b Beantworte folgende Fragen.

Beispiel: 1 Wenn ich Hunger habe, esse ich Hamburger und Pommes.

1 Was machst du, wenn du Hunger hast?
2 Was machst du, wenn alles langweilig ist?
3 Was machst du, wenn du Kopfschmerzen hast?
4 Was machst du, wenn du Ferien hast?
5 Was machst du, wenn du schlecht gelaunt bist?
6 Was machst du, wenn du glücklich bist?

2a Sieh dir den Brief an und ergänze die Sätze.

Beispiel: 1 Herr Meier schreibt den Brief am dritten März.

1 Herr Meier schreibt den Brief am dritten ***.
2 Er möchte nach *** fahren.
3 Er sucht ein Hotel Anfang ***.
4 Am *** Mai fährt Herr Meier wieder nach Graz.
5 Herr Meier fährt nach Villach mit *** Personen.
6 Herr Meier hat *** Kinder.
7 Herr Meier geht gern *** und ***.
8 Der Vorname von Herrn Meier ist ***.

Graz, den 3. März

Sehr geehrte Damen und Herren,

ich möchte meinen Urlaub gern in Villach verbringen und suche ein Hotel für die Zeit vom dritten bis siebzehnten Mai. Wir sind fünf in der Gruppe – zwei Erwachsene und drei Kinder (12, 14 und 16 Jahre alt). Ich interessiere mich auch für Informationen über Einkaufs- und Wandermöglichkeiten in der Region.

Mit vielem Dank im Voraus für Ihre Mühe.

Mit freundlichen Grüßen

Thomas Meier

2b Adaptiere jetzt den Brief für Frau Goldmann und ihre Familie.

Beispiel: Salzburg, den 6. April

Birgit Goldmann wohnt in Salzburg und schreibt einen Brief am 6. April. Sie interessiert sich für eine Ferienwohnung in Zell am See und möchte vom 23.6.–04.7. dort übernachten. Sie fährt mit ihren drei Kindern und ihrem Mann auf Urlaub. Die Kinder sind acht, elf und fünfzehn Jahre alt. Die Familie Goldmann geht gern wandern und fährt gern Rad.

Was für Filme sind das? Beschrifte sie.
Beispiel: a Zeichentrickfilme

Komödien, Krimis, Actionfilme, Science-Fiction-Filme, Zeichentrickfilme, Liebesfilme, Horrorfilme

a

b

c

d

e

f

g

Gefallen dir die Filme oben oder nicht? Schreib Sätze.
Beispiel: Komödien gefallen mir, weil sie so lustig sind.

ziemlich, so, total, sehr

lustig, unterhaltsam, spannend, romantisch, schrecklich, gruselig, langweilig, blöd

Sieh dir die Anzeigen an. Was für Bücher sind das?
Beispiel: 1 Sportbuch

Fantasy, Sportbuch, Comic, Zeitschrift, Jugendbuch, Pferdebuch, Liebesroman, Sachbuch

1
Fußball 2000
alles über die Bundesliga mit den spannendesten Aktionen aus der Saison 00–01

2
JUNGE LIEBE
Oliver liebt Chloe, aber Chloe liebt Dirk. Was soll Oliver machen? Ein sensationelles Buch von der beliebten Autorin M. Werner.

3
Fakten für alle
1000 Fakten zum Thema Geschichte und Erdkunde. Interessante, unterhaltsame, gruselige und manchmal auch lustige Fakten sind alle hier zu finden.

4
Erst 15
Tipps und Trends für Jugendliche; jeden Mittwoch im Kiosk. Diese Woche: „Niemand mag mich."

5
Reiten ist mein Leben
... ein Buch für alle Pferdefans. Linda wohnt in den Bergen und hat ein Pferd, aber niemand darf es reiten. Am Samstag hat jemand das Pferd geritten. Linda sucht die Person. Spannend, lustig und echt klasse.

Schreib eine kurze Anzeige für dein Lieblingsbuch oder deine Lieblingszeitschrift.
Beispiel: Smash Hits – die Zeitschrift für Musikfans. Hier gibt es alles über Musik, Popgruppen, Konzerte und noch viel mehr. Die Zeitschrift ist echt klasse.

Wie heißt das Buch / die Zeitschrift?

Was gibt es im Buch / in der Zeitschrift?

Wie ist es/sie?

Sieh dir die Filme auf Seite 116 an. Wie gefallen dir diese Filme? Schreib Sätze.
Beispiel: a Zeichentrickfilme gefallen mir nicht, weil sie blöd sind.

Beantworte die Fragen. Vergleich deine Antworten mit einem Partner / einer Partnerin.
Beispiel: 1 Mein Lieblingsfilm heißt *Titanic*.

1 Wie heißt ist dein Lieblingsfilm?
2 Was für ein Film ist das?
3 Wie oft hast du den Film gesehen?
4 Wie war der Film?
5 Was passiert im Film?

Lies die Buchempfehlung. Du darfst ein Wörterbuch benutzen.

WILLEM VAN TOORN

Karotte, Maulwurf und die erste Liebe

dtv junior

Willem van Toorn schreibt in seinem Buch *Karotte, Maulwurf und die erste Liebe* über sieben Jugendliche in einer besonderen „Schule". An einem Tag fallen Rob plötzlich die Haare aus und er muss eine „Karotten-Perücke" tragen. Die anderen sind alle sehr nett zu ihm. Paolo, ein Italiener, kommt dann in die Klasse und sie sind alle gute Freunde und treffen einander oft. Walter liebt Anemike, aber auf der Klassenfahrt verliebt er sich in Linda. Das ist seine erste große Liebe. Lindas Eltern mögen Walter aber nicht und er darf Linda in den Ferien nicht sehen. Die Ferien sind für Walter sehr langweilig, aber nach den Ferien sieht er Linda wieder und das ist total klasse. Das Buch ist schön und sehr gut geschrieben. In der Mitte ist es sehr spannend, aber manchmal kann es auch ein bisschen langweilig sein.

Beantworte folgende Fragen.
Beispiel: 1 Willem van Toorn

1 Wer hat das Buch geschrieben?
2 Wie viele Jugendliche sind in der Clique?
3 Was muss Rob tragen?
4 Wie heißt der Italiener?
5 Wer liebt Anemike?
6 Wann verliebt sich Walter in Linda?
7 Wer mag Walter nicht?
8 Wann darf Walter Linda nicht sehen?
9 Wie sind die Ferien für Walter?
10 Wie ist das Buch?

Was ist dein Lieblingsbuch? Schreib eine Empfehlung dafür wie oben.
Beispiel: Mein Lieblingsbuch ist das Jugendbuch *Detektiv Daimler*. Das Buch hat zweihundertvierzig Seiten und ist sehr lustig. Im Buch gibt es einen Detektiv. Er heißt Dirk Daimler und ist zwanzig Jahre alt. Er sieht sehr gut aus und ist sehr intelligent ...

Wie heißt das Buch?

Wer hat es geschrieben?

Was passiert im Buch?

Wie ist das Buch?

Sieh dir die Anzeigen an. Was passt zusammen?
Beispiel: 1 d

Suche: Gartenhilfe – muss fleißig, pünktlich und freundlich sein. (1)

Hotel sucht höfliche und pünktliche Jungen/Mädchen für Samstagsjobs. (2)

Skischule in den Alpen sucht sportliche, fleißige Jugendliche. Arbeit von Januar bis April. (3)

Firma sucht junge Leute für Internetprojekt. Müssen computererfahren sein und eigenen Computer haben. (4)

Kindergarten sucht Hilfe. Montag–Freitag von sieben Uhr bis drei Uhr. Muss geduldig, hilfsbereit und ordentlich sein. (5)

a 

b 

c 

d 

e 

Lies die Texte. Welcher Job passt für ihn/sie am besten?
Beispiel: a 3

a Tina ist sehr sportlich und geht gern Eis laufen. Sie kann sehr gut Ski fahren und wohnt in den Alpen.
b Renate ist nicht sehr fleißig und sucht einen Samstagsjob. Letzten Sommer hat sie im Hotel gearbeitet und das war O.K.
c Dirk ist gern draußen und interessiert sich für die Umwelt. In den Sommerferien hat er im Nationalpark gearbeitet und das war echt klasse.
d Eva arbeitet gern am Computer und sie möchte später gern Informatik studieren. Im Moment surft sie im Internet, um einen Job zu finden.
e Mandy arbeitet gern mit Kindern und macht oft Babysitting.

Sieh dir die Bilder an. Wer spricht?
Beispiel: 1 b

1. Ich trage einen gelben Rock.
2. Ich trage ein enges T-Shirt und dicke Stiefel.
3. Ich trage eine bunte Perlenschnur.
4. Ich trage eine Sonnenbrille und braune Stiefel.
5. Ich trage große Ohrringe und ein langes, blaues Kleid.
6. Ich trage eine weiße Jacke und weiße Sandalen.
7. Ich trage einen gelben und grünen Hut und eine karierte Hose.
8. Ich habe lange Haare und trage eine Bluse mit Blumenmuster.

Zeichne und beschrifte ein Partyoutfit für dich.
Beispiel: Ich trage eine rote Perücke und eine bunte Perlenschnur. Ich trage eine schwarze Sonnenbrille und ein enges T-Shirt. Ich trage große, rote Ohrringe. Ich trage einen langen, gelben Rock und blaue Sandalen.

Lies die Texte und beantworte die Fragen.
Beispiel: 1 Weil er einen Job im Internet hat.

1 Warum muss Sebastian computererfahren sein?
2 Wann besucht man Sebastians Website?
3 Wann arbeitet Sebastian?
4 Wo arbeitet er?
5 Woher kommt Sabine?
6 Warum kann sie keinen Job finden?
7 Was sind ihre Pläne für die Sommerferien?
8 Was sind die Jobs von Lars?
9 Warum gefällt ihm der Job als Skilehrer?
10 Wie muss man als Skilehrer sein?

Servus, ich bin Sebastian und komme aus Graz in Österreich. Ich habe einen Job im Internet. Wenn jemand etwas verkaufen oder kaufen will (z.B. eine Katze, ein Computerspiel, eine Jacke, Konzertkarten), kommt er zu meiner Website. Wenn er etwas verkaufen will, finden wir einen Käufer. Wenn er etwas kaufen will, finden wir den Gegenstand. Ich arbeite jeden Tag vor der Schule und auch am Nachmittag und am Wochenende. Ich arbeite in meinem Zimmer. Es ist ziemlich anstrengend, aber ich finde das echt klasse.

Hallo, ich bin die Sabine und komme aus einem kleinen Dorf in Süddeutschland. Hier gibt es keine Jobs für junge Leute, also helfe ich zu Hause, um Geld zu bekommen. Zum Beispiel wasche ich das Auto oder ich arbeite im Garten. Manchmal mache ich auch Babysitting. In den Sommerferien werde ich meine Kusine in München besuchen und wir werden beide in einem Friseursalon arbeiten. Dann muss ich immer höflich und gut gelaunt sein, aber das ist kein Problem für mich!

Grüß dich, ich bin Lars und wohne in den Bergen in Österreich. Im Sommer arbeite ich im Supermarkt in der Stadt und im Winter arbeite ich an der Skischule. Ich liebe die Skischule, weil ich sehr sportlich bin und echt gern Ski fahre. Als Skilehrer muss man aber immer sehr geduldig und pünktlich sein – und das bin ich nicht immer!

Schreib eine kurze Präsentation über deinen idealen Job. Lies sie der Klasse vor.
Beispiel: Hallo, ich bin Sam und komme aus Birmingham in England. Hier gibt es viele Jobs für junge Leute. Ich arbeite im Kindergarten und das gefällt mir sehr, weil ich gern mit Kindern arbeite. Ich arbeite freitags von zehn Uhr bis vier Uhr. Die Arbeit ist ziemlich anstrengend und man muss sehr geduldig sein, aber da habe ich kein Problem.

Sieh dir die Bilder auf Seite 118 Übung 2a an. Beschrifte sie.
Beispiel: a Ich trage ein enges grünes T-Shirt, dicke Stiefel und eine Sonnenbrille.

Zeichne und beschrifte ein Partyoutfit für dich wie auf Seite 118 Übung 2b.
Beispiel: Ich trage eine rote Perücke und eine bunte Perlenschnur. Ich trage eine schwarze Sonnenbrille und ein enges T-Shirt. Ich trage große, rote Ohrringe. Ich trage ein langes, gelbes Kleid und blaue Sandalen.

Was passt zusammen?

Beispiel: 1 d

1 Mein Stiefbruder ist doof und launisch.
2 Meine Stiefmutter ist gut gelaunt und geduldig.
3 Meine Halbbrüder sind nett und freundlich.
4 Meine Schwester ist altmodisch.
5 Mein Bruder ist echt klasse.
6 Meine Mutter ist sehr streng.
7 Mein Vater ist nett und geduldig.

a b c d e f g

Beschreib deine Familie.

Beispiel: Meine Mutter ist nett und freundlich, aber manchmal ist sie ein bisschen launisch.

Lies die Texte. Richtig oder falsch?

Beispiel: 1 Falsch

1 Petra ist Nichtraucher.
2 Georg hat ein Problem in der Schule.
3 Olaf möchte ein neues Fahrrad kaufen.
4 Annaliese wird nicht so viel zu Hause helfen.
5 Nächstes Jahr wird Petra nicht rauchen.
6 Nächstes Trimester wird Georg keine Hausaufgaben machen.
7 In den Osterferien wird Olaf arbeiten.
8 In den Ferien wird Annalieses Mutter froh sein.

Petra: Im Moment rauche ich jeden Tag, aber das finde ich schrecklich, weil es so ungesund ist. Nächstes Jahr werde ich nicht rauchen (hoffentlich!).

Georg: Dieses Trimester habe ich meine Hausaufgaben immer zu spät gemacht, also werde ich nächstes Trimester meine Hausaufgaben immer rechtzeitig machen (wahrscheinlich!).

Olaf: In den Sommerferien werde ich einen Job finden. Ich spare auf ein neues Fahrrad, aber bis jetzt habe ich nur fünfzig Euro gespart.

Annaliese: In den Ferien werde ich mehr zu Hause helfen. Im Moment räume ich mein Zimmer auf, aber das ist alles. In den Ferien werde ich abwaschen und im Garten arbeiten, weil meine Mutter das anstrengend findet.

Such dir die Verben aus dem Text heraus und ergänze die Tabelle.

Präsens	Perfekt	Zukunft
ich rauche	ich habe ... geraucht	ich werde ... rauchen

Beantworte die Fragen für dich.

Beispiel: 1 Nächstes Jahr werde ich nach Amerika fahren.

1 Was wirst du nächstes Jahr machen?
2 Was wirst du nächstes Trimester machen?
3 Was wirst du in den Sommerferien machen?
4 Was wirst du im Jahre 2050 machen?

Lies die Sprechblasen und schreib Sätze.

Beispiel: Jens hat einen Stiefbruder, aber er findet ihn doof und launisch. Maria hat eine Stiefmutter und sie findet sie gut gelaunt und geduldig.

Jens: Mein Stiefbruder ist doof und launisch.

Maria: Meine Stiefmutter ist gut gelaunt und geduldig.

Peter: Meine Halbbrüder sind nett und freundlich.

Werner: Meine Schwester ist altmodisch.

Lisa: Mein Bruder ist echt klasse.

Eddie: Meine Mutter ist sehr streng.

Dagmar: Mein Vater ist nett und geduldig.

Lies den Text und wähl die richtige Antwort aus.

Beispiel: 1 c

1 Anita ist (**a**) 18 (**b**) 10 (**c**) 16 Jahre alt.
2 Bremen ist in (**a**) Süddeutschland (**b**) Norddeutschland (**c**) Westdeutschland.
3 Anitas Stiefvater ist (**a**) sehr streng (**b**) sehr sympathisch (**c**) sehr alt.
4 Anita darf (**a**) nicht zur Party gehen (**b**) alles machen (**c**) bei Freundinnen übernachten.
5 Am Wochenende (**a**) fährt sie in die Stadt (**b**) passt sie auf ihre Halbschwester auf (**c**) arbeitet sie im Friseursalon.
6 Anitas Klasse ist nach (**a**) Berlin (**b**) Bremen (**c**) Bonn gefahren.
7 Ende Mai wird Anitas Stiefvater (**a**) auf Urlaub (**b**) in die Stadt (**c**) nach Amerika fahren.
8 Er fährt dahin, um (**a**) die Sehenswürdigkeiten zu sehen (**b**) zu arbeiten (**c**) Familie zu besuchen.
9 Für Anita ist das (**a**) schrecklich (**b**) O.K. (**c**) wunderbar.

Hallo, ich heiße Anita und bin sechzehn Jahre alt. Ich habe einen Bruder, der achtzehn Jahre alt ist, und eine Halbschwester. Sie ist zehn Jahre alt. Wir wohnen in Bremen, in Norddeutschland. Ich komme sehr gut mit meiner Mutter aus, aber meinen Stiefvater finde ich total nervig und sehr streng. Im Moment habe ich Zoff mit ihm, weil ich am Wochenende nicht zu einer Party gehen darf. Mein Stiefvater hat so viele Regeln für mich – mein Bruder darf alles machen, aber ich nicht. Zum Beispiel darf ich nicht bei Freundinnen übernachten und ich darf auch nicht meine Freundinnen in der Stadt treffen. Am Wochenende muss ich immer Hausaufgaben machen oder auf meine Halbschwester aufpassen. Das finde ich so unfair! In den Ferien sind alle meine Freundinnen auf eine Schulreise nach Berlin gefahren. Ich bin nicht mitgefahren, weil mein Stiefvater dagegen war. Das habe ich so gemein gefunden – ich habe eine Woche lang gar nicht mit ihm geredet! Ende Mai wird er eine Geschäftsreise nach Amerika machen und acht Wochen lang dort bleiben – wunderbar! Ich werde meine Freundinnen in der Stadt treffen und alles wird viel lustiger sein.

Such dir die Verben aus dem Text heraus und ergänze die Tabelle.

Präsens	Perfekt	Imperfekt	Zukunft
ich heiße			

Wie ist deine Familie? Was für Probleme hast du? Schreib einen kurzen Text wie Anitas und benutz die Verben aus der Tabelle oben.

Beispiel: Hallo, ich heiße Paul und bin fünfzehn Jahre alt. Ich habe drei Schwestern. Sie sind acht, zwölf und zwanzig Jahre alt ...

Grammatik

1 Nouns

Nouns are 'naming' words for people, places or things. In German, all nouns begin with a capital letter:
Deutschland (*Germany*)
der Kuli (*the pen*)

1.1 Genders

Every German noun has a gender: it is either masculine (*m*), feminine (*f*) or neuter (*n*).

1.2 Articles

There are two types of articles:

- the definite article is the word for *the*, e.g. *the banana* (this particular banana here)
- the indefinite article is the word for *a*, e.g. *a banana* (any old banana)

a Definite articles
The definite articles in German for the three genders are:

m	*f*	*n*
der	**die**	**das**

masculine word: **der Junge** (*the boy*)
feminine word: **die Banane** (*the banana*)
neuter word: **das Glas** (*the glass*)

b Indefinite articles
The indefinite articles in German for the three genders are:

m	*f*	*n*
ein	**eine**	**ein**

masculine word: **ein Junge** (*a boy*)
feminine word: **eine Banane** (*a banana*)
neuter word: **ein Glas** (*a glass*)

To summarise:

	m	*f*	*n*
the	**der**	**die**	**das**
a	**ein**	**eine**	**ein**

1.3 Nationalities: masculine and feminine forms

German nouns which name people often have two forms, one for a male and one for a female. So, **der Lehrer** is a male teacher, and **die Lehrerin** is a female teacher, **der Partner** is a male partner and **die Partnerin** is a female partner. With nationalities it is the same: **der Engländer / die Engländerin**.

To say what nationality you are or somebody else is, just use the noun on its own without the article **ein/eine**: **Ich bin Engländer.** (*I am an Englishman.*)

Masculine: **Engländer, Italiener, Spanier, Österreicher, Franzose, Deutscher, Ire, Schotte, Waliser**

Feminine: **Engländerin, Italienerin, Spanierin, Österreicherin, Französin, Deutsche, Irin, Schottin, Waliserin**

1 Describe these people.
Beispiel: 1 Hans ist Deutscher.

1 Hans kommt aus Deutschland.
2 Annabel kommt aus England.
3 Roberto kommt aus Italien.
4 Miguel kommt aus Spanien.
5 Sophie kommt aus Österreich.
6 Françoise kommt aus Frankreich.
7 Scot kommt aus Schottland.
8 Harry kommt aus Irland.

1.4 Plurals

Plural means more than one of something, such as *dogs*, *cats*, *horses*, etc.

a Nouns
In German, there are several ways of forming the plural. If you are unsure of the plural of a word, you can look it up in the wordlist on pp. 137–144 or in a dictionary.

To form the plurals of German words:

Singular → Plural	*In dictionary*
add **-e** to end of word:	
Hund → Hunde	**Hund(-e)**
add **-n**, **-en** or **-nen** to end of word:	
Katze → Katzen	**Katze(-n)**
Frau → Frauen	**Frau(-en)**
Partnerin → Partnerinnen	**Partnerin(-nen)**
add **-s** to end of word:	
Kuli → Kulis	**Kuli(-s)**
add an umlaut to the last **a**, **o** or **u** and nothing, **-e** or **-er** to end of word:	
Apfel → Äpfel	**Apfel(¨)**
Stuhl → Stühle	**Stuhl(¨e)**
Buch → Bücher	**Buch(¨er)**
add nothing **(-)** to end of word:	
Mädchen → Mädchen	**Mädchen(-)**

b Definite and indefinite articles

In the plural, the indefinite article (*a*) has no plural as in English (**ein Buch → Bücher**). The plural of the definite article (*the*) is always **die** (**das Buch → die Bücher**).

	pl
a	–
the	**die**

1.5 Cases

You will meet three cases in this book: nominative (*Nom.*), accusative (*Acc.*) and dative (*Dat.*).

a The nominative case

	m	*f*	*n*	*pl*
the	**der**	**die**	**das**	**die**
a	**ein**	**eine**	**ein**	–
my	**mein**	**meine**	**mein**	**meine**

The nominative case is used for the subject of the sentence. The subject is the person or thing doing the action of the verb.

<u>Der Hund</u> spielt Fußball.
The dog is playing football.

It is also used with expressions such as **Das ist ...** (*This is ...*) and **Hier ist ...** (*Here is ...*).
Hier ist <u>ein Kuli</u>. *Here is a pen.*

b The accusative case

	m	*f*	*n*	*pl*
the	**den**	**die**	**das**	**die**
a	**einen**	**eine**	**ein**	–
my	**meinen**	**meine**	**mein**	**meine**

The accusative case is used for the direct object of the sentence. The direct object is the person or thing having the action of the verb done to it.
Ich sehe <u>den Hund</u>. *I see the dog.*

It is also used with expressions such as **Es gibt ...** (*There is ...*).
Es gibt <u>einen Park</u>. *There is a park.*

c The dative case

	m	*f*	*n*	*pl*
the	**dem**	**der**	**dem**	**den**
a	**einem**	**einer**	**einem**	–
my	**meinem**	**meiner**	**meinem**	**meinen**

The dative case has many uses. In this book, you see how it is used after certain prepositions such as **zu** (*to*), **in** (*in*) or **mit** (*with*). See 6, p. 134.
Ich war <u>in der Bibliothek</u>.
I was in the library.
Ich spreche <u>mit meinem Lehrer</u>.
I speak to my teacher.

In the dative plural, you always add an **-n** to the end of the noun: **mit meinen Brüder<u>n</u>** (*with my brothers*) **mit den Kinder<u>n</u>** (*with the children*).

1.6 Possessive adjectives

The possessive adjectives are the words for *my*, *your*, etc. They follow the same pattern as **ein**, **eine**, **ein**.

	m	*f*	*n*	*pl*
Nom.				
my	**mein**	**meine**	**mein**	**meine**
your **(du)**	**dein**	**deine**	**dein**	**deine**
his/its	**sein**	**seine**	**sein**	**seine**
her/its	**ihr**	**ihre**	**ihr**	**ihre**
our	**unser**	**unsere**	**unser**	**unsere**
your **(ihr)**	**euer**	**eure**	**euer**	**eure**
their/your **(Sie)**	**ihr/Ihr**	**ihre/Ihre**	**ihr/Ihr**	**ihre/Ihre**
Acc.				
my	**meinen**	**meine**	**mein**	**meine**
your **(du)**	**deinen**	**deine**	**dein**	**deine**
his/its	**seinen**	**seine**	**sein**	**seine**
her/its	**ihren**	**ihre**	**ihr**	**ihre**
our	**unseren**	**unsere**	**unser**	**unsere**
your **(ihr)**	**euren**	**eure**	**euer**	**eure**
their/your **(Sie)**	**ihren/Ihren**	**ihre/Ihre**	**ihr/Ihr**	**ihre/Ihre**

Meine Schwester ist immer gut gelaunt.
My sister is always in a good mood.
Unsere Schule beginnt um acht Uhr.
Our school begins at eight o'clock.
Habt ihr eure Hefte?
Have you got your exercise books?

2 Fill in the sentences.
Beispiel: 1 Dein Bruder ist sehr streng.

1 (du) ... Bruder ist sehr streng.
2 (wir) ... Uniform ist blau und grau.
3 (sie) Ich mag ... T-Shirt nicht.
4 (Sie) Haben Sie ... Portemonnaie verloren?
5 (ich) ... Mutter geht mir total auf die Nerven.
6 (er) Wo sind ... Schuhe?
7 (ihr) Habt ihr ... Bücher mit?

1.7 *This*: dieser, diese, dieses

If you want to talk about a specific item, use **dieser**, **diese**, **dieses** (*this*). It works in the same way as **der**, **die**, **das**.

	m	*f*	*n*	*pl*
Nom.	**dieser**	**diese**	**dieses**	**diese**
Acc.	**diesen**	**diese**	**dieses**	**diese**

Masculine word: **dieser Kuli** (*this pen*)
Feminine word: **diese Pflanze** (*this plant*)
Neuter word: **dieses T-Shirt** (*this T-shirt*)
Plural word: **diese T-Shirts** (*these T-shirts*)

1.8 *Which*: welcher, welche, welches

If you want to ask 'which' item somebody is referring to, use **welcher**, **welche**, **welches**. It works in the same way as **der**, **die**, **das**.

	m	*f*	*n*	*pl*
Nom.	**welcher**	**welche**	**welches**	**welche**

Masculine word: **welcher Kuli?** (*which pen?*)
Feminine word: **welche Pflanze?** (*which plant?*)
Neuter word: **welches T-Shirt?** (*which T-shirt?*)
Plural word: **welche T-Shirts?** (*which T-shirts?*)

3 Ask specific questions and give answers.
Beispiel: 1 Welches Buch gefällt dir?
Dieses Buch hier gefällt mir.

1 Gefällt dir das Buch?
2 Gefällt dir die Hose?
3 Gefallen dir Actionfilme?
4 Gefällt dir das T-Shirt?
5 Gefallen dir die Schuhe?
6 Gefällt dir der Bierkrug?

2 Personal pronouns

Personal pronouns are the words for *I*, *you*, *they*, etc. In German, they are:

I	**ich**
you	**du** (one person you know well)
he/it	**er** (male person or masc. noun)
she/it	**sie** (female person or fem. noun)
it	**es** (neuter noun)
we	**wir**
you	**ihr** (more than one person you know well)
they	**sie**
you	**Sie** (person(s) you don't know well)

The following table shows how personal pronouns change when they are in the accusative and dative case (see 1.5).

Nom.	**ich**	**du**	**er**	**sie**	**wir**	**ihr**	**sie/Sie**
Acc.	**mich**	**dich**	**ihn**	**sie**	**uns**	**euch**	**sie/Sie**
Dat.	**mir**	**dir**	**ihm**	**ihr**	**uns**	**euch**	**ihnen/Ihnen**

Er ist launisch. er = subject of the sentence and so nominative case: *He is moody.*
Ich finde ihn launisch. ihn = object of the sentence and so accusative case: *I find him moody.*

After **gefallen**, you need to use a dative pronoun: **Es gefällt mir.** (*I like it.*)

4 Change the sentences to say what you think of the people.
Beispiel: 1 Ich finde ihn sehr nett.

1 Er ist sehr nett.
2 Sie sind ziemlich unfreundlich.
3 Du bist lustig.
4 Sie ist sehr streng.
5 Sie sind total doof.
6 Er ist O.K.

5 Complete the sentences with a dative pronoun each time.
Beispiel: 1 Wo arbeiten Sie? Gefällt Ihnen der Job?

1 Wo arbeiten Sie? Gefällt ... der Job?
2 Hast du den neuen Film gesehen? Hat er ... gefallen?
3 Sie wohnt in München. Gefällt es ... dort?
4 Er hat einen Bruder. Geht er ... auf die Nerven?
5 Ich habe einen neuen Job. Der Job gefällt ... aber nicht.
6 Wie findet ihr die Uniform? Gefällt sie ...?
7 Haben sie einen neuen Computer? Gefällt er ...?

2.1 *It*

In German, there are three ways of saying *it*.

	m	*f*	*n*
Nom.	**er**	**sie**	**es**

Er is for masculine nouns:
Der Musikladen ist groß. → **Er ist groß.**
The music shop is big. → *It is big.*

Sie is for feminine nouns:
Die Bäckerei ist klein. → **Sie ist klein.**
The baker's is small. → *It is small.*

Es is for neuter nouns:
Das Sportgeschäft ist toll. → **Es ist toll.**
The sports shop is great. → *It is great.*

2.2 *You*

There are three words for *you* in German: **du**, **ihr** and **Sie**.

- **du** (singular)
when talking to *one* person you know well:
Verstehst du das, Ralph?
Do you understand that, Ralph?
- **ihr** (plural form of **du**)
when talking to *more than one* person you know well:
Versteht ihr das, Petra und Ralph?
Do you understand that, Petra and Ralph?
- **Sie** (both singular and plural)
when talking to *one OR more than one* person older than you and whom you don't know well – it is the polite form:
Verstehen Sie das, Frau Klein?
Do you understand that, Mrs Klein?
Verstehen Sie das, Herr und Frau Klein?
Do you understand that, Mr and Mrs Klein?

6 How would you ask for this information from: (a) a friend (b) two friends (c) a stranger?
Beispiel: 1 (a) Wie alt bist du? **(b)** Wie alt seid ihr? **(c)** Wie alt sind Sie?

1 Alter?
2 Name?
3 Wohnort?
4 Hobbys?
5 Gestern gemacht?
6 Nationalität?

2.3 Man

Man means *one/you/people*. The verb following **man** follows the **er/sie/es** pattern.
Man darf nicht rauchen.
One isn't / You aren't allowed to smoke.

3 Verbs in the present tense

3.1 Regular verbs

Verbs are 'doing' words, such as *to run, to walk, to talk, to go* and *to play*.

When you look up a verb in the wordlist on pp. 137–144 or in a dictionary, you will find its infinitive form, which ends in **-en**: **finden** (*to find*), **trinken** (*to drink*), **wohnen** (*to live*).

You need to change the ending according to the pronoun you are using. All regular verbs follow the same pattern:

spielen	*to play*	endings
singular (only one person):		
ich spiele	*I play*	**-e**
du spielst	*you play*	**-st**
er/sie/es spielt	*he/she/it plays*	**-t**
plural (more than one person):		
wir spielen	*we play*	**-en**
ihr spielt	*you play*	**-t**
sie spielen	*they play*	**-en**
polite:		
Sie spielen	*you play*	**-en**

7 Write these verbs out for **ich**, **du**, **er/sie/es**, **wir**, **ihr** and **Sie/sie**.
Beispiel: 1 ich komme, du kommst, er/sie/es kommt, wir kommen, ihr kommt, Sie/sie kommen

1 kommen
2 wohnen
3 heißen
4 trinken
5 gehen
6 machen
7 kaufen

3.2 Irregular verbs

Not all verbs follow the regular pattern – some are irregular in the **du** and **er/sie/es** forms and need to be learnt separately. Here are some examples:

essen *to eat*	**sehen** *to see*
ich esse	ich sehe
du isst	du siehst
er/sie/es isst	er/sie/es sieht
wir essen	wir sehen
ihr esst	ihr seht
sie/Sie essen	sie/Sie sehen
fahren *to go / to drive*	**lesen** *to read*
ich fahre	ich lese
du fährst	du liest
er/sie/es fährt	er/sie/es liest
wir fahren	wir lesen
ihr fahrt	ihr lest
sie/Sie fahren	sie/Sie lesen

8 Translate into German.
Beispiel: 1 Ich lese gern.

1 I like reading. (lesen)
2 He likes skiing. (Ski fahren)
3 We like watching TV. (fernsehen)
4 They drive to Hamburg. (fahren)
5 Do you (a friend) like eating chips? (essen)
6 She reads comics. (lesen)

3.3 Sein and haben

Sein (*to be*) and **haben** (*to have*) are both irregular and need to be learnt by heart.

sein	*to be*	**haben**	*to have*
ich bin	*I am*	ich habe	*I have*
du bist	*you are*	du hast	*you have*
er/sie/es ist	*he/she/it is*	er/sie/es hat	*he/she/it has*
wir sind	*we are*	wir haben	*we have*
ihr seid	*you are*	ihr habt	*you have*
sie sind	*they are*	sie haben	*they have*
Sie sind	*you are*	Sie haben	*you have*

9 Write in the correct part of *sein* or *haben*.
Beispiel: 1 Ich bin vierzehn Jahre alt und ich habe eine Schwester.

1 Ich ... vierzehn Jahre alt und ich ... eine Schwester.
2 Wir ... lange Haare und wir ... immer gut gelaunt.
3 Er ... in der achten Klasse, aber er ... sechzehn Jahre alt.
4 ... du Geschwister? Wie alt ... du?
5 Micky und Anna ... viele Freunde, aber sie ... nicht sehr freundlich.
6 Ihr ... immer sehr lustig. Warum ... ihr immer gut gelaunt?
7 ... Sie Engländerin? ... Sie einen englischen Pass?

3.4 Separable verbs

Using separable verbs

Separable verbs have two parts: the main verb and an extra word at the front, called the prefix.

fernsehen
= **fern** (prefix) + **sehen** (main verb)
aufstehen
= **auf** (prefix) + **stehen** (main verb)

When a separable verb is used in the present tense, the prefix goes to the end of the sentence, as in English *I get up*.

fernsehen (*to watch TV*) → **Ich sehe fern.**
aufstehen (*to get up*) → **Ich stehe auf.**

When a separable verb is used in the perfect tense, the verb comes together, with **-ge-** in the middle of the past participle:

fernsehen → **ferngesehen**
anrufen (*to phone*) → **angerufen**

3.5 Modal verbs

Können (*to be able to*), **müssen** (*to have to*), **mögen** (*to like*), **dürfen** (*to be allowed to*), **sollen** (*to ought to*) and **wollen** (*to want to*) are all modal verbs. They work with another verb in its infinitive form.

Modal verbs send the infinitive to the end of the sentence.

Man kann Tennis spielen.
One can play tennis.
Ich darf Make-up tragen.
I'm allowed to wear make-up.

Modal verbs are irregular verbs and their patterns are shown below:

können	**müssen**	**mögen**
to be able to	*to have to*	*to like*
ich kann	ich muss	ich mag
du kannst	du musst	du magst
er/sie/es kann	er/sie/es muss	er/sie/es mag
wir können	wir müssen	wir mögen
ihr könnt	ihr müsst	ihr mögt
sie/Sie können	sie/Sie müssen	sie/Sie mögen

dürfen	**wollen**
to be allowed to	*to want to*
ich darf	ich will
du darfst	du willst
er/sie/es darf	er/sie/es will
wir dürfen	wir wollen
ihr dürft	ihr wollt
sie/Sie dürfen	sie/Sie wollen

Ich möchte (*I would like*) and **ich sollte** (*I should*) are also used often in German:

ich möchte	ich sollte
du möchtest	du solltest
er/sie/es möchte	er/sie/es sollte
wir möchten	wir sollten
ihr möchtet	ihr solltet
sie/Sie möchten	sie/Sie sollten

10 What should these people do? Use the correct part of **sollte** and translate each sentence.
Beispiel: 1 Peter sollte das Auto waschen. (Peter should wash the car.)

1 Peter – das Auto waschen
2 Claudia und Micki – ins Bett gehen
3 Ich – meine Hausaufgaben machen
4 Du – umweltfreundliches Papier kaufen
5 Wir – unsere Großmutter besuchen
6 Ihr – mehr Äpfel und Orangen essen
7 Jenny – öfter mit dem Rad fahren

11 What aren't these people allowed to do? Fill in the correct part of **dürfen** and translate each sentence.

Beispiel: 1 Ich darf keine Sportschuhe tragen. (I'm not allowed to wear trainers.)

1 Ich ... keine Sportschuhe tragen.
2 Man ... nicht rauchen.
3 Wir ... keine Zigaretten mit in die Schule bringen.
4 Er ... nicht neben mir sitzen.
5 Claudia und Felix ... nicht auf die Klassenfahrt gehen.
6 Oliver ... mich nicht hänseln oder ärgern.
7 Im Computerraum ... wir keine Computerspiele spielen.

12 What can or can't they do? Write sentences using **können** and translate each sentence.

Beispiel: 1 Karla kann Tennis spielen. (Karla can play tennis.)

1 Karla spielt Tennis.
2 Thomas und Axel schwimmen sehr schnell.
3 Petra geht nicht ins Kino, weil sie kein Geld hat.
4 Ich gehe nicht schwimmen, weil ich Fieber habe.
5 Harald zeichnet sehr gute Bilder am Computer.
6 Wir fahren Ski, wenn es schneit.

13 What do they have to do? Write sentences using **müssen** and translate them.

Beispiel: 1 Sie müssen um sechs Uhr aufstehen. (They have to get up at six o'clock.)

1 Sie stehen um sechs Uhr auf.
2 Sie trägt eine Uniform.
3 Du hilfst viel zu Hause.
4 Wir kommen pünktlich zur Schule.
5 Ich mache immer rechtzeitig Hausaufgaben.
6 Ihr treibt mehr Sport.
7 Ich finde einen Job.

14 What do they want to do? Write sentences using **wollen** and translate each sentence.

Beispiel: 1 Ich will Babysitting machen. (I want to go babysitting.)

1 Ich mache gern Babysitting.
2 Er geht gern Eislaufen.
3 Wir sehen gern fern.
4 Ihr fahrt gern Ski.
5 Sie hören gern Musik.
6 Du gehst gern einkaufen.

3.6 Commands

You use commands to tell somebody what to do. If you are talking to a friend (i.e. using **du**), you take the **du** form of the verb and remove the final **-st**:

du trinkst → **Trink!**
you drink → *Drink!*
du gehst → **Geh!**
you go → *Go!*
du nimmst → **Nimm!**
you take → *Take!*

If you are talking to an adult (i.e. using **Sie**), you use the infinitive followed by **Sie**:

Gehen Sie! **Nehmen Sie!** **Trinken Sie!**

3.7 Talking about the future using the present tense

You can use the present tense to talk about things that you are going to do in the future.
Morgen fahre ich in die Stadt.
I'm going to drive into town tomorrow.
Übermorgen spielen wir Fußball.
We're going to play football the day after tomorrow.

3.8 Es gibt

If you want to say *there is/are*, you use **es gibt** with the accusative case (see 1.5, p. 123).
Es gibt einen Park. *There is a park.*
Es gibt keine Geschäfte.
There are no shops.

3.9 Gern, lieber, am liebsten

To say that you enjoy doing something, you use **gern**. To say that you prefer doing something, you use **lieber**. To say that you enjoy something best of all, you use **am liebsten**. **Gern** and **lieber** come straight after the verb, while **am liebsten** usually comes at the start of the sentence followed by the verb.

♥	**Ich höre gern klassische Musik.** *I like listening to classical music.*
♥♥	**Ich höre lieber Techno-Musik.** *I prefer listening to techno.*
♥♥♥	**Am liebsten höre ich Popmusik.** *I like listening to pop music most of all.*

In negative sentences, **nicht** goes before **gern**.
Ich höre nicht gern Popmusik.
I don't like listening to pop music.

15 Mark and David don't like the same things. Write sentences.
Beispiel: 1 Mark hört gern Musik, aber David hört nicht gern Musik.

		Mark	*David*
1	Musik hören	☺	☹
2	fernsehen	☺	☹
3	Ski fahren	☹	☺
4	einkaufen gehen	☹	☺
5	Comics lesen	☹	☺

3.10 Gefallen

Another way of saying you like something is to use the verb **gefallen** (*to like*) plus the dative pronoun **mir** (for your likes) or **dir** (for a friend's likes).

If you are talking about one thing you like, you use the singular form **das gefällt mir**. If you are talking about more than one thing you like, you use the plural form **sie gefallen mir**.

Gefällt es dir dort?
Do you like it there?
Ja, es gefällt mir.
Yes, I like it.
Nein, es gefällt mir nicht.
No, I don't like it.
Gefallen dir Horrorfilme?
Do you like horror films?
Ja, sie gefallen mir gut.
Yes, I like them.
Nein, sie gefallen mir nicht.
No, I don't like them.

16 Fill in the correct part of **gefallen**.
Beispiel: 1 Gefallen dir Liebesfilme?

1 ... dir Liebesfilme?
2 ... es dir auf dem Land?
3 Es ... mir gut, weil immer was los ist.
4 Science-Fiction-Filme ... mir nicht, weil sie so langweilig sind.
5 Unser neues Auto ... mir sehr gut.
6 Diese Schuhe ... mir gar nicht, weil sie so altmodisch sind.
7 ... es dir in der Schule?

3.11 Negatives

a Nicht

Nicht means *not*. **Nicht** usually comes directly after the object of the sentence.
Er mag Sport nicht.
He doesn't like sport.

When there is no object, **nicht** comes straight after the verb.
Man darf nicht rauchen.
You're not allowed to smoke.
Ich darf nicht allein in die Stadt fahren.
I'm not allowed to go into town on my own.

In inverted sentences (where the verb comes before the subject), **nicht** comes straight after the subject.
Das mache ich nicht.
I don't do that.

b Kein, keine, kein

To talk about something you haven't got, you DON'T use **nicht ein**, **eine**, **ein**. Instead, you use **kein**, **keine**, **kein** (*no, not a*). It follows the same pattern as **ein**, **eine**, **ein** (see 1.2b, p. 122).

	m	*f*	*n*	*pl*
Nom.	**kein**	**keine**	**kein**	**keine**
Acc.	**keinen**	**keine**	**kein**	**keine**

c Other negative expressions

Other ways of giving a negative are **nichts** (*nothing*), **niemand** (*nobody*) and **nie** (*never*).

Ich esse nichts.
I don't eat anything.
Man darf niemanden ärgern.
You aren't allowed to hassle anyone.
Ich bin nie in ein Konzert gegangen.
I've never been to a concert.

17 Reply in the negative each time.
Beispiel: 1 Ich darf nicht ins Kino gehen.

1 Ich darf ins Kino gehen, und du?
2 Ich habe einen Bruder, und du?
3 Ich trinke viel, und du?
4 Ich gehe oft schwimmen, und du?
5 Ich spiele gern Tennis, und du?
6 Ich fahre gern nach London, und du?
7 Ich habe einen Computer, und du?

4 Other tenses

4.1 The perfect tense

You use the perfect tense to talk about things which happened in the past.

Was hast du gestern gemacht?
What did you do yesterday?
Vorgestern bin ich in die Stadt gefahren.
The day before yesterday I went into town.
Letzte Woche habe ich mein Portemonnaie verloren.
Last week I lost my wallet.

The perfect tense is made up of two parts.

haben (ich habe/du hast, *etc.***)** *or* **sein (ich bin/er ist,** *etc.***)**	*past participle (at end of sentence)*
Ich habe Hockey	**gespielt.**
Sie ist nach Köln	**gefahren.**

Most verbs take **haben** in the perfect tense, but some verbs such as **gehen** (*to go*), **fahren** (*to drive*), **fliegen** (*to fly*) take **sein**. Verbs that take **sein** are marked with an asterisk (*) in the verb list below.

Most past participles begin with **ge-**: **gemacht**, **gesehen**, **gehört**, **gegangen**.

If you can't remember a past participle, you can look them up in the verb list below.

Separable verbs come together in the perfect tense to form a one-word participle with the **-ge-** in the middle:

fernsehen → ferngesehen
anrufen → angerufen.

The part of **haben** or **sein** acts as the main verb in the sentence and so comes in second place. The past participle goes right to the end of the sentence.

Ich habe am Computer gespielt.
I played on the computer.
Um drei Uhr habe ich einen Film gesehen.
I saw a film at three o'clock.
Was hast du gestern Nachmittag gemacht?
What did you do yesterday afternoon?

Verb list

infinitive	*English*	*past participle*
abfahren*	*to leave*	**abgefahren**
anrufen	*to ring up*	**angerufen**
besichtigen	*to visit (place)*	**besichtigt**
besuchen	*to visit (person)*	**besucht**
bleiben*	*to stay*	**geblieben**
essen	*to eat*	**gegessen**
fahren*	*to drive*	**gefahren**
fallen*	*to fall*	**gefallen**
faulenzen	*to laze*	**gefaulenzt**
fernsehen	*to watch TV*	**ferngesehen**
finden	*to find*	**gefunden**
fliegen*	*to fly*	**geflogen**
gefallen	*to please*	**gefallen**
gehen*	*to go*	**gegangen**
haben	*to have*	**gehabt**
helfen	*to help*	**geholfen**
hören	*to hear*	**gehört**
kaufen	*to buy*	**gekauft**
kommen*	*to come*	**gekommen**
lesen	*to read*	**gelesen**
machen	*to do*	**gemacht**
plaudern	*to chat*	**geplaudert**
schauen	*to look*	**geschaut**
schlafen	*to sleep*	**geschlafen**

schreiben	*to write*	**geschrieben**
sehen	*to see*	**gesehen**
sein*	*to be*	**gewesen**
sparen	*to save*	**gespart**
spielen	*to play*	**gespielt**
surfen*	*to surf*	**gesurft**
tanzen	*to dance*	**getanzt**
tragen	*to carry*	**getragen**
trinken	*to drink*	**getrunken**
übernachten	*to stay the night*	**übernachtet**
verdienen	*to earn*	**verdient**
vergessen	*to forget*	**vergessen**
verlieren	*to lose*	**verloren**
waschen	*to wash*	**gewaschen**
zeichnen	*to draw*	**gezeichnet**

*takes **sein**

18 What did they do?
Beispiel: 1 Karl hat Fußball gespielt.

1 Karl – Fußball spielen
2 Sophie – Ski fahren
3 Petra – fernsehen
4 Kai – Computerspiele spielen
5 Jens – ein Buch lesen
6 Alex – ins Kino gehen

19 Write sentences about what you did.
Beispiel: 1 Letzten Monat habe ich ein tolles Buch gelesen.

1 letzten Monat – ein tolles Buch lesen
2 letztes Trimester – gute Noten bekommen
3 letzte Woche – Ski fahren
4 letztes Jahr – nach England fliegen
5 gestern – meinen Freund besuchen
6 vorgestern – ins Kino gehen

20 Write sentences about what these people did.
Beispiel: 1 Gestern habe ich Tennis gespielt.

1 Tennis spielen – gestern – ich
2 Ski fahren – im Winter – du
3 Musik hören – am Abend – wir
4 Computerspiele spielen – am Wochenende – Sie
5 einkaufen gehen – am Samstag – ihr
6 fernsehen – am Nachmittag – sie

21 Write sentences in the perfect tense.
Beispiel: 1 Wir haben ferngesehen.

1 Wir sehen fern.
2 Er isst einen Hamburger.
3 Sie surft im Internet.
4 Ich gehe Eis laufen.
5 Du fährst nach England.
6 Ihr hört Musik.

22 What are the past participles of these verbs?
Beispiel: 1 gegangen

1 gehen
2 fahren
3 kommen
4 lesen
5 haben
6 schreiben
7 verdienen
8 zeichnen
9 surfen
10 sehen

4.2 The imperfect tense

War (*was*) and **hatte** (*had*) are often used when you are talking about events in the past. Like present tense forms, they have different endings, according to who is doing the action.

Ich war sehr faul. *I was very lazy.*
Sie hatten eine Party. *They had a party.*

sein *to be*	**haben** *to have*
ich war (*I was*) du warst er/sie/es war wir waren ihr wart sie/Sie waren	ich hatte (*I had*) du hattest er/sie/es hatte wir hatten ihr hattet sie/Sie hatten

23 Fill in the correct part of **haben** or **sein** in the imperfect tense.
Beispiel: 1 Gestern war ich im Computerraum.

1 Gestern ... ich im Computerraum.
2 Zu meiner Geburtstag ... ich eine Party.
3 Wir ... in der Disco und ich habe mit Eddie getanzt.
4 Wo ... du gestern?
5 Gestern ... wir alle Magenschmerzen.
6 Am Samstag ... sie im Kino.
7 Gestern ... du ein Problem, oder?
8 Sophie ... krank, also ... sie nicht in der Schule.

4.3 The future tense

When you are talking about a future resolution or plan or something you 'will' do, use the future tense. This is formed by the part of **werden** (*will*) plus the infinitive at the end of the sentence, just like the modal verbs. (See 3.5, p. 127.)

Ich werde viel Sport treiben.
I will do a lot of sport.
Nächstes Trimester wird sie ein Instrument lernen.
She will learn an instrument next term.

werden *to become*
ich werde du wirst er/sie/es wird wir werden ihr werdet sie/Sie werden

24 What will these people do next term?
Beispiel: 1 Nächstes Trimester wird Lisa viel am Computer arbeiten.

1 Lisa – viel am Computer arbeiten
2 ich – ein Fahrrad kaufen
3 wir – nicht rauchen
4 Ralph – mehr zu Hause helfen
5 Peter und Kirstin – höflich sein
6 du – pünktlich zur Schule kommen
7 Sie – bessere Noten bekommen

5 Word order

5.1 Basic word order

The basic sentence word order is:

1 pronoun/ noun	*2 verb*	*3 object/rest of sentence*
Es	**ist**	**heiß und schön.**
Ich	**fahre**	**nach Frankreich.**

25 Write the sentences in the correct order.
Beispiel: 1 Er fährt nach München.

1 fährt München Er nach
2 essen Wir Bananen viele
3 Ich Tennis gern spiele
4 drei Sie hat Brüder
5 fern siehst viel Du

5.2 Inversion

You can change the order of a German sentence by starting off with the time, place or object, then putting the verb second and finishing with the rest of the sentence. This is called inversion and looks like this:

time/place/ object	*verb*	*pronoun/ noun*	*object / rest of sentence*
Im Sommer	**gehe**	**ich**	**schwimmen.**
Um acht Uhr	**gehen**	**wir**	**in die Schule.**
In Berlin	**kann**	**man**	**viel machen.**
Sport	**finde**	**ich**	**langweilig.**

5.3 Word order after conjunctions

Conjunctions are little words that join sentences or give more information. **Und** and **aber** are conjunctions that don't change the word order of a sentence.

Ich habe Kaffee getrunken und ich habe Kuchen gegessen.
I drank coffee and ate cake.
Mein Bruder ist nervig, aber er ist manchmal lustig.
My brother is irritating, but he's sometimes funny.

Weil (*because*) is a conjunction that sends the main verb to the end of the clause (the part of the sentence it is in). You always need to put a comma just before **weil**.
Ich mag Deutsch, weil es einfach ist.
I like German because it's easy.
Ich mag Deutsch nicht, weil es schwierig ist.
I don't like German because it's difficult.

Wenn (*if/when*) also sends the main verb to the end of the clause.
Wenn es schön ist, ...
When/If it's nice, ...

The whole sentence follows this pattern:
Wenn es schneit, gehe ich Eis laufen.
When it snows, I go skating.
Wenn es schön ist, gehe ich wandern.
When it's nice, I go hiking.

Don't forget the comma separating the two sentence halves.

26 Join these sentences with **weil**.
Beispiel: 1 Ich mag Erdkunde, weil es interessant ist.

1 Ich mag Erdkunde. Es ist interessant.
2 Ich mag Physik-Chemie nicht. Es ist schwierig.
3 Ich mag Sport nicht. Es ist anstrengend.
4 Ich mag Biologie. Die Lehrerin ist nett.
5 Ich mag Kunst. Ich zeichne gern.
6 Ich finde Deutsch langweilig. Ich verstehe nichts.
7 Ich mag die Schule. Ich habe viele Freunde dort.

27 Write sentences with **wenn**.
Beispiel: 1 Wenn es regnet, bleibe ich zu Hause.

5.4 Um ... zu

Um ... zu (*in order to*) sends the main verb to the end of the sentence. You can put a comma just before **um**.

Ich fahre nach Österreich, um Deutsch zu lernen.
I'm going to Austria in order to learn German.
Er fährt nach Österreich, um Ski zu fahren.
He's going to Austria in order to go skiing.

28 Join the sentences with **um ... zu**.
Beispiel: 1 Ich fahre nach Deutschland, um Deutsch zu lernen.

1 Ich fahre nach Deutschland. Ich will Deutsch lernen.
2 Meine Schwester fährt nach Italien. Sie will ihren Freund besuchen.
3 Wir fahren nach Paris. Wir wollen den Louvre besichtigen.
4 Du fährst nach Spanien. Du willst Urlaub machen.
5 Sie fahren nach England. Sie wollen London besichtigen.
6 Meine Eltern fahren nach Österreich. Sie wollen die frische Luft genießen.

5.5 Time, manner, place

In a sentence, the manner (i.e. how you went) always comes before the place (i.e. where you went).

noun/ pronoun	*verb*	*manner (how)*	*place (where)*
Ich	**fahre**	**mit der U-Bahn**	**in die Stadt.**

A time expression comes before the manner and the place comes at the end.

time	*verb*	*manner*	*place*
Heute	**fahre ich**	**mit euch**	**in die Stadt.**

29 Write sentences.

Beispiel: 1 Am Montag bin ich mit dem Zug nach Paris gefahren.

1 Mo. / Paris

2 Di. / Köln

3 Mi. / Hamburg

4 Do. / school

5 Fr. mit Dieter /

6 Sa. /

5.6 Asking questions

a Question words

Many questions start with a question word. Here are German question words starting with **W**:

wo?	*where?*
wann?	*when?*
wie?	*how?*
wie viele?	*how many?*
was?	*what?*
wer?	*who?*
warum?	*why?*

b Questions beginning with verbs

If you're not using a **W** question word, you can ask a question by putting the verb first and then the subject.

Spielen wir Fußball?
Shall we play football?
Fahren wir nach Köln?
Shall we go to Cologne?

You can also ask a question by adding **nicht?** or **oder?** to the end of a sentence and changing your intonation to a question.

Mathe ist einfacher als Erdkunde, nicht?
Maths is easier than geography, isn't it?
Du spielst nicht gern Fußball, oder?
You don't like playing football, do you?
Du hast einen Bruder, oder?
You've got a brother, haven't you?

6 Prepositions

Prepositions are small words like 'in', 'for' and 'at' in English. In German, prepositions are either followed by the accusative or the dative case, and this means that words such as **der**, **eine** or **mein** have to change.

6.1 Prepositions with the dative

The following prepositions are always followed by the dative case (see 1.5c, p. 123): **mit** (*with*), **gegenüber** (**von**) (*opposite*), **von** (*from*), **bei** (*at the home of/with*), **zu** (*to*).

Ich wohne bei meiner Großmutter.
I live with my grandmother.
Der Musikladen ist gegenüber von der Konditorei.
The music shop is opposite the confectioner's.
Wie komme ich am besten zum Dom?
Which is the best way to the cathedral?
Ich spreche mit meinem Lehrer.
I speak to my teacher.

zu dem = **zum**
zu der = **zur**

30 Fill in the gaps.

Beispiel: 1 Ich spreche mit meinem Lehrer.

1 Ich spreche mit ... Lehrer.
2 Ich bin mit ... Schwester ins Kino gegangen.
3 Wir sind mit ... Bus gefahren.
4 Hast du mit ... Vater gesprochen?
5 Fährst du mit ... Klasse nach Hamburg?
6 Ich bin mit ... Freunden nach Paris geflogen.

6.2 Prepositions with the accusative

Für (*for*) and **um** (*at*) are always followed by the accusative case (see 1.5b, p. 123).

Geh um die Ecke.
Go around the corner.
Das Geschenk ist für meinen Vater.
The present is for my father.

6.3 Prepositions with the accusative or the dative

The following prepositions are followed by the accusative case when there is movement towards a place and the dative case when there is no movement towards a place: **an** (*at*), **auf** (*on*), **in** (*in*), **unter** (*under*), **neben** (*near*), **zwischen** (*between*), **vor** (*in front of/ago*), **über** (*over*).

accusative (movement towards)	*dative (no movement towards)*
Ich gehe in den Supermarkt.	**Ich bin im Supermarkt.**
Ich gehe in die Metzgerei.	**Karl arbeitet in der Metzgerei.**
Ich gehe in die Hauptstraße.	**Der Kiosk ist in der Hauptstraße.**
Geh über die Brücke.	**Die Wolke ist über der Brücke.**

an dem = **am**
von dem = **vom**
in dem = **im**

The expression **ich spare auf** (*I'm saving for*) + noun is always followed by the accusative case.
Ich spare auf einen Computer (m).
I'm saving for a computer.

31 What are these people saving for?
Beispiel: 1 Einundzwanzig Jungen sparen auf den Führerschein.

1 einundzwanzig Jungen – Führerschein (m)
2 zwei Mädchen – Motorrad/Mofa (n)
3 zehn Jungen – Wagen (m)
4 vier Jungen – Stereoanlage (f)
5 zwölf Jungen – Computer (m)
6 acht Mädchen – Kleidung (f)

32 Are these sentences in the dative or accusative case? Why?
Beispiel: 1 Ich war im Kino. = I was in the cinema, so dative case as there is no movement towards the cinema.

1 Ich war im Kino.
2 Ich gehe in die Bibliothek.
3 Gestern war ich in der Schule.
4 Ich habe in der Bibliothek ein Buch gelesen.
5 Ich gehe immer sehr gern ins Kino.
6 Im Computerraum kann man tolle Computerspiele spielen.

7 Adjectives

Adjectives describe nouns. When an adjective comes *after* the noun, it always stays the same. When an adjective comes *before* the noun, it adds an ending.

When an adjective comes before a noun, its ending depends on the case of the noun (i.e. nominative, accusative or dative) and its gender (i.e. *m, f, n*).

Adjective after noun	*Adjective before noun*
Das Wörterbuch ist gut.	**das gute Wörterbuch**
Der Pullover ist blau.	**der blaue Pullover**

7.1 Adjective endings after the definite article

	Nom.	*Acc.*
m	**der alte Rucksack**	**den alten Rucksack**
f	**die alte Handtasche**	**die alte Handtasche**
n	**das alte Portemonnaie**	**das alte Portemonnaie**
pl	**die alten Socken**	**die alten Socken**

33 Do you like these clothes or not?
Beispiel: a Der rote Rock gefällt mir (nicht).

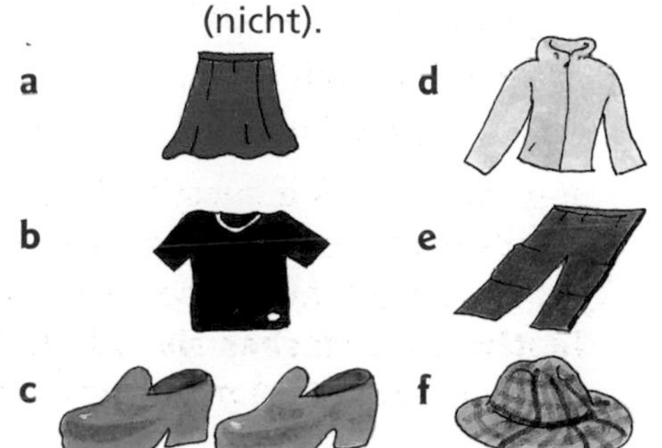

7.2 Adjective endings after the indefinite article

The following table shows you the adjective endings after the indefinite article.

	Nom.	*Acc.*
m	**ein blauer Rock**	**einen blauen Rock**
f	**eine blaue Krawatte**	**eine blaue Krawatte**
n	**ein blaues Trikot**	**ein blaues Trikot**
pl	**blaue Socken**	**blaue Socken**

34 Look again at exercise 33. What is in the pictures? Describe the items.
Beispiel: a Es gibt einen roten Rock.

7.3 Comparatives

If you want to compare two things, add **-er** to the end of the adjective.
interessant – interessanter
interesting – more interesting
lustig – lustiger
funny – funnier

To say 'than' as in something is funnier 'than' or more interesting 'than', use **als**.
Sport ist interessanter als Musik.
Sport is more interesting than music.

Some adjectives have special comparative forms.

gut – besser
good – better
groß – größer
big – bigger
lang – länger
long – longer
kurz – kürzer
short – shorter

35 Compare these things.
Beispiel: 1 Ein Elefant ist größer als eine Maus.

1 ein Elefant – eine Maus
2 100 cm – 50 cm
3 Sport – Kunst
4 ein Hund – ein Pferd
5 Äpfel – Chips
6 ein Auto – ein Fahrrad
7 25 cm – 125 cm

gesund, anstrengend, groß, klein, lang, kurz, schnell

7.4 Superlatives (the most ...)

To say that something is 'the most ...', add **-ste** to the end of the adjective:
langweilig – das langweiligste Fach
boring – the most boring subject

If the adjective ends with **-t**, add **-este** to the end.
interessant – das interessanteste Fach
interesting – the most interesting subject

You also have to add the correct ending to the adjective. (See 7.1 and 7.2, pp. 135–136.)
die schnellsten Autos
plural – *the fastest cars*
der interessanteste Film
masculine nominative – *the most interesting film*

Some adjectives have special superlative forms.

gut – beste
good – best
groß – größte
big – the biggest
lang – längste
long – the longest
kurz – kürzeste
short – the shortest

36 Say these things are the most ...
Beispiel: 1 Der kürzeste Rock ist c.

1 kurz:

a

b

c

2 groß:

a

b

c

3 lang:

a

b

c

4 gut:

a

b

c

Wortschatz

Deutsch–Englisch

A

der	Abend(-e)	*evening*
das	Abenteuer-Trekking	*adventure trecking*
	aber	*but*
der	Absatz(¨-e)	*paragraph*
	abwaschen	*to do the washing up*
	auf etwas achten	*to look out for sth.*
die	AG (Arbeitsgemeinschaft)	*workshop*
	allerlei	*all sorts*
der	Alltag(-)	*everyday routine*
	als	*when, than*
	also	*therefore*
das	Alter(-)	*age*
die	Altersgruppe(-n)	*age group*
das	Altersheim(-e)	*old people's home*
	älteste	*oldest*
	altmodisch	*old fashioned*
	andere	*other, others*
	ändern	*to change*
der	Anfang(¨-e)	*beginning, start*
das	Angebot(-e)	*offer*
das	Angeln	*fishing*
	ankommen	*to arrive*
	anprobieren	*to try sth on*
	anrufen	*to telephone*
der	Ansprechpartner	*someone to talk to*
	anstrengend	*tiring*
die	Antwort(-en)	*answer*
die	Anweisung(-en)	*instruction*
die	Anzeige(-n)	*advertisement*
die	Arbeit(-en)	*work*
	arbeiten	*to work*
der	Ärger(-)	*trouble*
	ärgern	*to annoy*
der	Arzt(¨-e)	*doctor (male)*
	auch	*also*
	auf	*on*
	aufkleben	*to stick on sth*
	gut aufgelegt	*in a good mood*
	aufpassen	*to pay attention*
	aufstehen	*to get up*
der	Auftritt(-e)	*performance*
die	Aula	*school hall*
	sich ausdrücken	*to express oneself*
	ausgeben	*to spend*
	aussehen	*to look*
	außerdem	*apart from that*
die	Aussprache	*pronunciation*
	aussprechen	*to pronounce*
der	Austausch(-e)	*exchange*
	auswendig	*by heart*
der	Auszug(¨-e)	*extract*
das	Auto(-s)	*car*
der	Autor(-en)	*author (male)*
die	Autorin(-nen)	*author (female)*

B

das	Bad(¨-er)	*bath*
	bald	*soon*
der	Bart(¨-e)	*beard*
	beantworten	*to answer*
	bedeuten	*to mean*
der	Befehl(-e)	*order*
die	Begeisterung	*enthusiasm*
	beibringen	*to teach*
	beide	*both*
	bei	*at*
das	Bein(-e)	*leg*
	bekommen	*to get*
	beliebt	*popular*
die	Belohnung(-en)	*reward*
	benutzen	*to use*
	bequem	*comfortable*
der	Berg(-e)	*mountain*
	berühmt	*famous*
	beschreiben	*to describe*
	beschriften	*to label*
	besichtigen	*to visit (a place)*
	besitzen	*to own*
	besonders	*special*
	besser	*better*
der	Besuch(-e)	*visit*
	betreuen	*to look after*
die	Bibliothek(-en)	*library*
der	Bierkrug(¨-e)	*beer mug*
das	Bild(-er)	*picture*
	billig	*cheap*
	bis	*until*
ein	bisschen	*a bit*
	bleiben	*to stay*
	blöd	*stupid*
das	Blumenmuster	*flower pattern*
die	Bodenmatte(-n)	*floor mat*
	böse	*angry*
	brauchen	*to need*
der	Brieffreund(-e)	*pen friend (male)*
die	Brieffreundin(-nen)	*pen friend (female)*
das	Brot(-e)	*bread*
das	Buch(¨-er)	*book*
die	Bundesliga(-en)	*football league*
	bunt	*colourful*
die	Bürohilfe(-n)	*office assistant*
das	Butterbrot(-e)	*sandwich*

C

die	Charaktereigenschaft(-en)	*characteristic*
der	Chor(¨-e)	*choir*
der	Chorleiter(-)	*conductor*
	computererfahren	*computer-literate*
das	Computerspiel(-e)	*computer game*

D

	danach	*afterwards*
	darüber	*about that*
	der-, die-, dasselbe	*the same*
	dauern	*to last*
die	Dehnungsübung(-en)	*stretching exercise*
	dein, deine	*your*
	denn	*because*
	deshalb	*therefore*
	deutschsprachig	*German-speaking*
	dick	*fat*
	dieser, diese, dieses	*this*
	doof	*stupid*
das	Dorf(¨-er)	*village*
	draußen	*outside*
die	Droge(-n)	*drug*
der	Druckfehler(-)	*typo*
	dunkelhaarig	*dark haired*
	durch	*through*
	durchschnittlich	*on average*
	dürfen	*to be allowed*

die Dusche(-n)	*shower*

E

ebenfalls	*also*
echt	*real, really*
das Ehrenamt(¨-er)	*volunteer work*
eigene	*own*
eigentlich	*actually*
einander	*one another*
einfach	*simple*
einige	*several*
einkaufen	*to go shopping*
einladen	*to invite*
die Einladung(-en)	*invitation*
einmal	*once*
einschlafen	*to fall asleep*
eintönig	*monotonous*
das Eis(-)	*ice cream*
Eis laufen (gehen)	*to go ice skating*
die Eltern(-)	*parents*
die Empfehlung(-en)	*recommendation*
eng	*narrow, tight*
der Engländer(-)	*English man*
die Engländerin (-nen)	*English woman*
sich entscheiden	*to decide*
Entschuldigung	*excuse me*
enttäuschen	*to disappoint*
entwerfen	*to design*
das Erdgeschoss(-)	ground floor
Erdkunde	geography
erfinden	*to invent*
ergänzen	*to complete*
das Ergebnis(-se)	*result*
die Erklärung(-en)	*explanation*
erleben	*to experience*
das Erlebnis(-se)	*experience*
ernst	*serious*
erraten	*to guess*
erscheinen	*to appear*
der Erwachsene(-n)	*adult*
erzählen	*to tell*
essen	*to eat*
etwa	*approximately*
etwas	*something*
evangelisch	*protestant*

F

das Fach(¨-er)	*subject*
die Fächerumfrage(-n)	*survey of subjects*
das Fahrrad(¨-er)	*bicycle*
die Fahrt(-en)	*journey, trip*
familienfreundlich	*family friendly*
das Familienmitglied(-er)	*family member*
die Farbe(-n)	*colour*
fast	*nearly*
faulenzen	*to laze around*
der Fehler(-)	*mistake*
der Feinschmecker(-)	*gourmet*
die Ferien (*pl*)	*holidays*
die Fernsehserie(-n)	*television series*
fertig	ready
die Festung(-en)	*fortress*
das Fieber(-)	*fever*
die Firma(-en)	*company*
die Flasche(-n)	*bottle*
fleißig	*hard-working*
das Flugzeug(-e)	*aeroplane*
der Fluss(¨-e)	*river*
die Folge(-n)	*sequel, episode*
folgen	*to follow*
der Fotoapparat(-e)	*camera*
Frankreich	*France*
Franzose	*French man*
Französin	*French woman*
französisch	*French*
die Freizeit(-)	*free time*
freundlich	*friendly*
frisch	*fresh*
der Friseursalon(-s)	*hairdresser's*
froh	*glad, happy*
früh	*early*
frühstücken	*to have breakfast*
der Führerschein	*driving license*
furchtbar	*terrible*

G

der Gang(¨-e)	*corridor*
ganz	*completely, whole*
geben	*to give*
der Geburtsort(-e)	*place of birth*
das Gedicht(-e)	*poem*
geduldig	*patient*
gefährlich	*dangerous*
der Gegenstand(¨-e)	*object*
gehören	*to belong to*
die Gemeinschaft	*community*
der Gemüserest(-e)	*left-over vegetables*
genau	*exactly*
genießen	*to enjoy*
genug	*enough*
geradeaus	*straight on*
das Geschäft(-e)	*business, shop*
das Geschenk(-e)	*present*
Geschichte	*history*
gestern	*yesterday*
gestreift	*striped*
gewinnen	*to win*
gleich	*straight away*
gleichzeitig	*at the same time*
das Glück(-)	*luck*
glücklich	*happy*
der Gottesdienst(-e)	*church service*
der Graben(¨-)	*ditch*
der Grund(¨-e)	*reason*
gruselig	*scary*
der Gruß(¨-e)	*greeting*
grüßen	*to greet*
gucken	*to look*

H

das Haar(-e)	*hair*
haben	*to have*
der Halbbruder(¨-)	*half-brother*
die Halbschwester(-n)	*half-sister*
das Hallenbad(¨-er)	*indoor pool*
das Handy(-s)	*mobile phone*
hänseln	*to make fun of*
der Hauptbahnhof(¨-e)	*main railway station*
der Haupteingang(¨-e)	*main entrance*
die Hauptperson(-en)	*main character*
die Hauptstadt(¨-e)	*capital*
die Hausaufgabe(-n)	*homework*
die Hausordnung	*house rules, school rules*
das Haustier(-e)	*pet*
das Heft(-e)	*exercise book*
heißen	*to be called*
helfen	*to help*
heraus	*out*
herausfinden	*to find out*
herrlich	*magnificent*
heulen	*to cry*
heute	*today*
die Hilfe(-n)	*help*
hilfsbereit	*helpful*
hinzufügen	*to add*
hoch	*high*
hoffentlich	*hopefully*
höflich	*polite*
der Hut(¨-e)	*hat*

I

identifizieren	*to identify*
die Identität(-en)	*identity*
ihr	*you (pl)*

die Imbiss-Kette(-n)	*fast-food chain*
die Imbissstube(-n)	*fast-food restaurant*
imitieren	*to copy*
immer	*always*
die Informatik	*information technology*
insgesamt	*altogether*
der Ire(-n)	*Irish man*
die Irin(-nen)	*Irish woman*
irgendwann	*some time*
irgendwie	*somehow*
irrsinnig	*incredibly*
Italien	*Italy*
der Italiener(-)	*Italian man*
die Italienerin(-nen)	*Italian woman*
italienisch	*Italian*
J	
die Jacke(-n)	*jacket*
das Jahrhundert(-e)	*century*
jede	*every, each*
jemand	*someone*
jetzt	*now*
die Jobanzeige(-n)	*job ad.*
das Jugendbuch(¨er)	*book for young people*
der Jugendliche(-n)	*young person*
das Jugendproblem	*youth problem*
jung	*young*
der Junge	*boy*
K	
die Kabine(-n)	*changing room*
kalt	*cold*
kariert	*checked*
der Käse(-)	*cheese*
die Kasse(-n)	*checkout*
die Katze(-n)	*cat*
kauen	*to chew*
kaufen	*to buy*
der Kaugummi(-s)	*chewing gum*
kaum	*hardly*
der Keller(-)	*cellar*
kennen	*to know*
das Kind(-er)	*child*
kindisch	*childish*
die Kirche(-n)	*church*
klar	*clear*
klären	*to resolve*
klasse	*great*
die Kleidung (*pl*)	*clothes*
klein	*small*
klettern	*to climb*
das Klopapier(-)	*toilet paper*
die Kochschule(-n)	*cookery school*
die Kommode(-n)	*chest of drawers*
die Kondition(-)	*fitness level*
das Konto(-s)	*account*
die Kopfschmerzen	*headache*
korrigieren	*to correct*
der Krach(-)	*argument*
krank	*ill*
die Krawatte(-n)	*tie*
kriegen	*to get*
der Krug(¨e)	*mug*
der Küchenabfall(¨e)	*kitchen waste*
der Kuli(-s)	*ballpoint pen*
sich um etwas kümmern	*to look after sth*
Kunst	*art*
kurz	*short*
küssen	*to kiss*
die Küste(-n)	*coast*
L	
lachen	*to laugh*
der Laden(¨)	*shop*
das Land(¨er)	*country*
die Landschaft	*scenery*
lang	*long*
langsam	*slow*
langweilig	*boring*
laufen	*to run*
die Laune(-n)	*mood*
launisch	*moody*
laut	*loud*
leben	*to live*
lebendig	*lively*
die Lebensmittel	*food*
lecker	*tasty*
der Lehrer(-)	*teacher (male)*
die Lehrerin(-nen)	*teacher (female)*
leider	*unfortunately*
leihen	*to borrow, lend*
leiten	*to lead*
die Leseratte(-n)	*bookworm*
letzte, letzter, letztes	*last*
die Leute (*pl*)	*people*
das Licht(-er)	*light*
lieben	*to love*
der Liebesfilm(-e)	*romantic film*
der Liebeskummer(-)	*lovesickness*
der Liebesroman(-e)	*romantic novel*
Lieblings-	*favourite*
das Lied(-er)	*song*
liegen	*to lie*
links	*left*
lockig	*curly*
sich lohnen	*to be worth it*
die Lokalnachrichten(-)	*local news*
die Lokalzeitung(-en)	*local newspaper*
die Luft	*air*
lustig	*funny*
M	
das Mädchen(-)	*girl*
die Mädchenturngruppe(-)	*girls' gymnastic team*
das Mädel(-s)	*girl (regional)*
malen	*to paint*
manche	*some*
manchmal	*sometimes*
die Männerwelt	*man's world*
die Mannschaft(-en)	*team (sport)*
der Maulwurf(¨e)	*mole*
die Meinung(-en)	*opinion, view*
meiste	*most*
meistens	*most of the time*
die Menge(-n)	*quantity, crowd*
der Mensch(-en)	*human being*
sich etwas merken	*to remember sth*
mindestens	*at least*
der Mitarbeiter(-)	*colleague (male)*
die Mitarbeiterin(-nen)	*colleague (female)*
miteinander	*together*
der Mitschüler(-)	*school friend (male)*
die Mitschülerin(-nen)	*school friend (female)*
modisch	*fashionable*
das Mofa	*moped*
möglich	*possible*
die Möglichkeit(-en)	*possibility*
der Monat(-e)	*month*
morgen	*tomorrow*
das Motorrad(¨er)	*motorbike*
müde	*tired*
die Mühe(-)	*effort*
der Müll(-)	*rubbish*
der Musiksaal(¨e)	*music room/hall*
die Musiksendung(-en)	*music program*
N	
nach	*to, after*
der Nachbar(-n)	*neighbour (male)*
die Nachbarin(-nen)	*neighbour (female)*
der Nachmittag(-e)	*afternoon*
die Nachrichten(*pl*)	*news*

nächste	*next*
nass	*wet*
neben	*next to*
nehmen	*to take*
nennen	*to name*
nervig	*annoying*
nett	*nice*
neu	*new*
neulich	*recently*
der Nichtraucher(-)	*non-smoker*
nichts	*nothing*
nie	*never*
niemand	*no one*
noch	*still*
nochmal	*again*
normalerweise	*normally*
die Note(-n)	*mark*
nur	*only*
nützlich	*useful*

O

oben	*above*
oder	*or*
ohne	*without*
die Ohrenschmerzen(*pl*)	*ear ache*
der Ohrring(-e)	*earring*
die Osterferien (*pl*)	*Easter holidays*
Österreich	*Austria*
der Österreicher(-)	*Austrian (male)*
die Österreicherin(-nen)	*Austrian (female)*
österreichisch	*Austrian*

P

passen	*to fit*
passieren	*to happen*
peinlich	*embarrassing*
die Perlenschnur(¨e)	*bead necklace*
die Perücke(-n)	*wig*
das Pferd(-e)	*horse*
das Plakat(-e)	*poster*
die Planung(-en)	*planning*
plaudern	*to chat*
plötzlich	*suddenly*
Polen	*Poland*
die Pommes	*French fries*
das Portemonnaie(-s)	*wallet*
preiswert	*good value*
der Pulli(-s)	*sweater*
pünktlich	*on time*

Q

quatschen	*to chat*

R

radfahren	*to go cycling*
die Radiosendung(-en)	*radio programme*
der Radweg(-e)	*cycle lane*
raten	*to guess*
rauchen	*to smoke*
rechtzeitig	*in time*
das Reck(-s)	*bar*
reden	*to speak*
regelmäßig	*regularly*
der Regenschirm(-e)	*umbrella*
regnen	*to rain*
reich	*rich*
rein	*clean*
die Reise(-n)	*journey*
die Reiseapotheke	*first aid kit*
reisen	*to travel*
reiten	*to ride (a horse)*
rennen	*to run*
riesig	*huge*
der Rock(¨e)	*skirt*
die Ruhe(-)	*quiet*
ruhig	*quiet*

S

das Sachbuch(¨er)	*non-fiction book*
die Sache(-n)	*thing*
sagen	*to say*
sammeln	*to collect*
der Satz(¨e)	*sentence*
sauber	clean
Schach	chess
die Schachtel(-n)	box
schauen	*to look*
schicken	*to send*
schief	*crooked*
schlafen	*to sleep*
schlecht	*bad*
der Schluss(¨e)	*end*
schneien	*to snow*
schnell	*quick*
der Schnupfen(-)	*cold*
schön	*beautiful*
der Schotte(-n)	*Scottish man*
die Schottin(-nen)	*Scottish woman*
Schottland	*Scotland*
schrecklich	*terrible*
der Schüler(-)	*pupil (male)*
die Schülerin(-nen)	*pupil (female)*
der Schwebebalken(-)	*beam*
schwierig	*difficult*
der See(-n)	*lake*
die See(-)	*sea*
der Seesturm(¨e)	*storm*
das Segeln(-)	*sailing*
die Sehenswürdigkeit(-en)	*tourist attraction*
sehr	*very*
die Seifenoper(-n)	*soap opera*
seit	*since*
das Sekretariat	*school office*
das Selbstvertrauen	*self-confidence*
selten	*rare*
sicher	*safe, sure*
das Singspiel(-e)	*musical*
sofort	*immediately*
sogar	*even*
die Sonnenbrille(-n)	*sun glasses*
sonst	*otherwise*
sorgfältig	*careful*
Spanien	*Spain*
der Spanier(-)	*Spanish man*
die Spanierin(-nen)	*Spanish woman*
spannend	*exciting*
sparen	*to save*
das Sparkonto(-en)	*savings account*
spät	*late*
der Spaziergang(¨e)	*walk*
das Spiel(-e)	*match, game*
der Spieler(-)	*player*
der Spielplatz(¨e)	*playground*
die Sportart(-en)	*types of sport*
die Sprache(-n)	*language*
die Sprechblase(-n)	*speech bubble*
der Steckbrief(-e)	*wanted note*
stehen	*to stand*
der Stein(-e)	*stone*
stellen	*to put*
das Stichwort(¨er)	*clue*
der Stiefel(-)	*boot*
der Stiefvater(¨)	*stepfather*
die Straßenbahn(-en)	*tram*
streiten	*to argue*
streng	*strict*
das Stück(-e)	*piece*
der Stufenbarren(-)	*asymmetric bar*
die Stunde(-n)	*lesson*
die Suche(-)	*search*
suchen	*to look for*
süchtig	*addicted*
sympathisch	*pleasant, nice*

T

das Tagebuch(¨er)	*diary*
der Tagesausflug(¨e)	*day trip*
die Tante(-n)	*aunt*
tanzen	*to dance*
die Tasche(-n)	*bag*
das Taschengeld(-)	*pocket money*

	tauschen	*to swap*
der	Teil(-e)	*part*
der	Teller(-)	*plate*
	teuer	*expensive*
das	Thema(-en)	*topic*
das	Tischtennis(-)	*table tennis*
die	Tochter(¨)	*daughter*
	toll	*super, great*
	tragen	*to wear, to carry*
der	Trainer(-)	*coach*
das	Traumland(¨-er)	*dreamland*
	traurig	*sad*
	treffen	*to meet*
	trennen	*to separate*
die	Treppe(-n)	*stairs*
das	Trimester(-)	*term*
	trotzdem	*despite, all the same*
	tun	*to do*
die	Tür(-en)	*door*
	turnen	*to do gym*
der	Turnverein(-e)	*gymnastics club*
	typisch	*typical*
U		
	üben	*to practise*
	über	*over*
	überall	*everywhere*
	übernachten	*to stay overnight*
	übersetzen	*to translate*
die	Übung(-en)	*exercise*
die	Umfrage(-n)	*survey*
die	Umwelt(-)	*environment*
	umweltfreundlich	*environmentally friendly*
	unberührt	*untouched*
der	Unfall(¨-e)	*accident*
	ungefähr	*approximately*
	ungesund	*unhealthy*
der	Unsinnsatz(¨-e)	*nonsensical sentence*
	unten	*below*
	unterhaltsam	*entertaining*
die	Unterkunft(¨-e)	*accommodation*
	unterrichten	*to teach*
der	Unterricht(-)	*lesson*
	unterstreichen	*underline*
der	Urlaub(-e)	*holiday*
	und so weiter	*and so on*
V		
	verantwortlich	*responsible*
die	Verantwortung	*responsibility*
	verbessern	*to improve*
	verbinden	*to connect*
	verboten	*not allowed*
	verbringen	*to spend (time)*
	verdienen	*to earn*
der	Verein(-e)	*club*
	vergessen	*to forget*
im	Vergleich	*by comparison*
	vergleichen	*to compare*
	verkaufen	*to sell*
das	Verkehrsamt	*tourist information*
die	Verkehrsverbindung(-en)	*traffic network*
	sich verknallen	*to fall in love*
	verlassen	*to leave*
	sich verlieben	*to fall in love*
	verlieren	*to lose*
	vernünftig	*sensible*
die	Verpflegung	*provisions*
	verschmutzen	*to pollute*
die	Verspätung	*delay*
	verstehen	*to understand*
	versuchen	*to try*
das	Vertrauen(-)	*trust*
	verwöhnen	*to spoil*
der	Videobeitrag(¨-e)	*video contribution*
	viel	*a lot*
	vielleicht	*perhaps*
	Viertel nach	*quarter past*
das	Vokabelheft(-e)	*vocab book*
	voll	*full*
	völlig	*completely*
im	Voraus	*in advance*
	vorbereiten	*to prepare*
	vorgestern	*day before yesterday*
	vorher	*before*
der	Vormittag(-e)	*morning*
der	Vorschlag(¨-e)	*suggestion*
W		
die	Wahl(-en)	*choice*
	wählen	*to choose*
	wahnsinnig	*incredibly*
	während	*during*
	wahrscheinlich	*probably*
der	Wald(¨-er)	*forest, wood*
der	Waliser(-)	*Welsh man*
die	Waliserin(-nen)	*Welsh woman*
	wandern gehen	*to go hiking*
die	Wanderung(-en)	*walk*
	warten	*to wait*
der	Wecker(-)	*alarm clock*
	wegbleiben	*to stay out*
	weglaufen	*to run away*
	wegschenken	*to give away*
	sich weh tun	*to hurt oneself*
	Weihnachten	*Christmas*
	weiter	*further*
	weiterentwickeln	*to develop*
	welche	*which*
die	Welt	*world*
die	Weltreise(-n)	*world tour*
	wenigstens	*at least*
	wer	*who*
das	Werbeplakat(-e)	*advertising poster*
die	Werbung(-en)	*advertisement*
	werden	*will, to become*
	werfen	*to throw*
	wichtig	*important*
	wie	*how*
	wieder	*again*
	wir	*we*
	wissen	*to know*
	wohnen	*to live*
der	Wohnort(-e)	*place of residence*
die	Wohnung(-en)	*flat*
	wollen	*to want*
	wunderbar	*wonderful*
Z		
die	Zahl(-en)	*number*
das	Zahlenspiel(-e)	*number game*
der	Zeichentrickfilm(-e)	*cartoon*
	zeichnen	*to draw*
die	Zeit(-en)	*time*
die	Zeitschrift(-en)	*magazine*
die	Zeitung(-en)	*newspaper*
das	Zeugnis(-se)	*school report*
das	Ziel(-e)	*objective, aim*
	ziemlich	*quite, rather*
das	Zimmer(-)	*room*
die	Verteilung(-en)	*allocation*
der	Zoff(-)	*trouble*
das	Zubehör	*accessories*
	zuerst	*at first*
der	Zugfahrplan(¨-e)	*train timetable*
die	Zukunft(-)	*future*
das	Zungenpiercing	*tongue piercing*
	zurück	*back*
	zusammen	*together*
der	Zuschauer(-)	*spectator*
	zwischen	*between*

Englisch–Deutsch

A	
above	oben
accident	der Unfall(¨e)
account	das Konto(-s)
addicted	süchtig
adult	der Erwachsene(-n)
advertisement	die Anzeige(-n) die Werbung(-en)
aeroplane	das Flugzeug(-e)
after	nach
afternoon	der Nachmittag(-e)
again	noch mal, wieder
alarm clock	der Wecker(-)
alone	allein
also	auch
always	immer
angry	böse
to annoy	ärgern
annoying	nervig
to argue	sich streiten
to arrive	ankommen
art	Kunst
at first	zuerst
at last	endlich
at least	mindestens, wenigstens
aunt	die Tante(-n)
Austria	Österreich
author	der Autor(-en) (*male*) die Autorin(-nen) (*female*)
B	
back	zurück
bad	schlecht
bag	die Tasche(-n)
bakery	die Bäckerei(-en)
beard	der Bart(¨e)
beautiful	schön
to become	werden
bed	das Bett(-en)
beer mug	der Bierkrug(¨e)
best	beste
below	unten
better	besser
between	zwischen
bicycle	das Fahrrad(¨er)
blouse	die Bluse(-n)
book quiz	das Bücherquiz(-)
boot	der Stiefel(-)
boring	langweilig
to borrow	leihen
both	beide
bottle	die Flasche(-n)
boy	der Junge(-n)
bread	das Brot(-e)
brother	der Bruder(¨)
book	das Buch(¨er)
business	das Geschäft(-e)
to buy	kaufen
C	
to call	rufen
camera	der Fotoapparat(-e)
canteen	die Kantine(-n)
capital	die Hauptstadt(¨e)
careful	sorgfältig
cartoon	der Zeichentrickfilm(-e)
century	das Jahrhundert(-e)
to change	ändern
character	der Charakter(-e)
checked	kariert
cheap	billig
cheese	der Käse(-)
chess	Schach
chewing gum	der Kaugummi(-s)
to chew	kauen
child	das Kind(-er)
Christmas	Weihnachten
church	die Kirche(-n)
classroom	das Klassenzimmer(-)
clean	rein, sauber
clear	klar
to climb	klettern
clock	die Uhr(-en)
clothes	die Kleidung(-)
club	der Verein(-e), die AG
coffee	der Kaffee(-)
cold	der Schnupfen(-)
cold	kalt
to collect	sammeln
colour	die Farbe(-n)
colourful	bunt
comfortable	bequem
to compare	vergleichen
completely	ganz
computer game	das Computerspiel(-e)
computer room	der Computerraum(¨e)
to cost	kosten
country	das Land(¨er)
countryside	die Landschaft
cousin	der Cousin(-s) (*male*) die Cousine(-n) (*female*)
to cry	heulen, weinen
curly	lockig
cycle lane	der Radweg(-e)
cycling trip	die Radtour(-en)
D	
to dance	tanzen
dangerous	gefährlich
daughter	die Tochter(¨)
day trip	der Tagesausflug(¨e)
to decide	sich entscheiden
to describe	beschreiben
detective	der Detektiv(-e)
diary	das Tagebuch(¨er)
dictionary	das Wörterbuch(¨er)
difficult	schwierig
disaster	die Katastrophe(-n)
doctor	der Arzt(¨e) (*male*) die Ärztin(-nen) (*female*)
dog	der Hund(-e)
door	die Tür(-en)
to do	tun, machen
dramatic	dramatisch
drug	die Droge(-n)
during	während
E	
early	früh
to earn	verdienen
earring	der Ohrring(-e)
to eat	essen
embarrassing	peinlich
energy	die Energie(-n)
to enjoy	genießen
enough	genug
entertaining	unterhaltsam
environment	die Umwelt(-)
environmentally friendly	umweltfreundlich
evening	der Abend(-e)
even	sogar
exchange	der Austausch(-e)
exciting	spannend
expensive	teuer
experience	das Erlebnis(-se)
to experience	erleben
F	
fact	der Fakt(en)
to fall asleep	einschlafen
to fall in love	sich verlieben
famous	berühmt
fashionable	modisch
fat	dick
father	der Vater(¨)
favourite	Lieblings

fever	das Fieber(-)
to find	finden
to fish	angeln
to fit	passen
flat	die Wohnung(-en)
food	das Essen(-)
football club	der Fußballverein(-e)
football pitch	der Fußballplatz(¨e)
forest	der Wald(¨er)
to forget	vergessen
free	frei
French fries	die Pommes (frites)
often	oft
fresh	frisch
friend	der Freund(-e) (*male*) die Freundin(-nen) (*female*)
friendly	freundlich
funny	lustig
future	die Zukunft(-)

G

geography	Erdkunde
to get up	aufstehen
to get	bekommen, kriegen
girl	das Mädchen(-)
to give	geben
glad	froh
ground floor	das Erdgeschoss(-)
gymnastics club	der Turnverein(-e)
gymnastics training	das Gymnastik-training

H

hair	das Haar(-e)
hairdresser's	der Friseursalon(-s)
to happen	passieren
happy	glücklich
hard-working	fleißig
hat	der Hut(¨e)
headache	die Kopfschmerzen
healthy	gesund
to help	helfen
helpful	hilfsbereit
to go hiking	wandern gehen
holiday	der Urlaub(-e), die Ferien (*pl*)
homework	die Hausaufgabe(-n)
hopefully	hoffentlich
horse	das Pferd(-e)
to go horse riding	reiten
hungry	hungrig
to hurt oneself	sich weh tun

I

ill	krank
immediately	sofort
important	wichtig
information technology	Informatik
interesting	interessant
to invent	erfinden
to invite	einladen

J

jacket	die Jacke(-n)
job ad.	die Jobanzeige(-n)
journey	die Reise(-n)

K

to kiss	küssen
to know	kennen, wissen

L

lake	der See(-n)
language	die Sprache(-n)
to last	dauern
late	spät
to laugh	lachen
leg	das Bein(-e)
lesson	der Unterricht(-)
letter	der Brief(-e)
library	die Bibliothek(-en)
to like	mögen
to live	wohnen
long	lang
to look after	betreuen
to look for	suchen
to lose	verlieren
loud	laut
to love	lieben

M

magazine	die Zeitschrift(-en)
mark	die Note(-n)
match	das Spiel(-e)
to mean	bedeuten
to meet	treffen
mobile phone	das Handy(-s)
moody	launisch
moped	das Mofa(-s)
most	meiste
mother	die Mutter(¨)
motorbike	das Motorrad(¨er)
mountain	der Berg(-e)
mouse	die Maus(¨e)
music program	die Musik-sendung(-en)

N

to need	brauchen
never	nie
newspaper	die Zeitung(-en)
next	nächste
next to	neben
nice	nett, sympatisch
night	die Nacht(¨e)
no one	niemand
non-fiction book	das Sachbuch(¨er)
non-smoker	der Nichtraucher(-)
nothing	nichts
now	jetzt
number	die Nummer(-n), die Zahl(-en)

O

old fashioned	altmodisch
old	alt
opinion	die Meinung(-en)
to organise	organisieren
outing	der Ausflug(¨e)
over	über
own	eigene

P

parents	die Eltern(-)
patient	geduldig
pen	der Kuli(-s)
pen friend	der Brieffreund(-e) (*male*) die Brieffreundin (-nen) (*female*)
people	die Leute (*pl*)
perhaps	vielleicht
pet	das Haustier(-e)
to plan	planen
plant	die Pflanze(-n)
to play	spielen
pocket money	das Taschengeld(-)
polite	höflich
to pollute	verschmutzen
popular	beliebt
possible	möglich
to practise	üben
present	das Geschenk(-e)

Q

quick	schnell
quiet	ruhig
quite	ziemlich

R

radio programme	die Radiosendung(-en)
to rain	regnen
to read	lesen
ready	fertig
real, really	echt
(school) report	das Zeugnis(-se)
responsible	verantwortlich
rich	reich
romantic novel	der Liebesroman(-e)
romantic	romantisch
room	das Zimmer(-)
	der Raum(¨e)
rubbish	der Müll(-)

S

sad	traurig
to sail	segeln
sandwich	das Butterbrot(-e)
to save (for)	sparen (auf)
to say	sagen
scary	gruselig
school trip	die Klassenfahrt(-en)
to sell	verkaufen
to send	schicken
serious	ernst
shoe	der Schuh(-e)
shop	der Laden(¨)
to go shopping	einkaufen gehen
short	kurz
to shower	duschen
skirt	der Rock(¨e)
to sleep	schlafen
slow	langsam
small	klein
to smoke	rauchen
to snow	schneien
soap opera	die Seifenoper(-n)
sometimes	manchmal
song	das Lied(-er)
soon	bald
to spend (time)	verbringen
to spend (money)	ausgeben
to start	beginnen
stepfather	der Stiefvater(¨)
still	noch
straight on	geradeaus
strict	streng
stupid	blöd, doof
subject	das Fach(¨er)
suddenly	plötzlich
sweater	der Pulli(-s)

T

table tennis	das Tischtennis(-)
to take	nehmen
tasty	lecker
teacher	der Lehrer(-) (*male*)
	die Lehrein(-nen) (*female*)
team	die Mannschaft(-en)
to telephone	anrufen
term	das Trimester(-)
terrible	furchtbar
through	durch
tight, narrow	eng
tie	die Krawatte(-n)
time	die Zeit
tired	müde
tiring	anstrengend
today	heute
tomorrow	morgen
to	nach, zu
train	der Zug(¨e)
train timetable	der Zugfahrplan(¨e)
to train	trainieren
to travel	reisen
trip	die Fahrt(-en)
to try	versuchen
to try on	anprobieren

U

under	unter
uniform	die Uniform(-en)
to use	benutzen
useful	nützlich

V

vegetarian	der Vegetarier(-) (*male*)
	die Vegetarierin (-nen) (*female*)
to visit (a place)	besichtigen
to visit (a person)	besuchen

W

to wait	warten
to go for a walk	spazierengehen
to want	wollen
to wash	waschen
to do the washing up	abwaschen
to watch T.V.	fernsehen
water	das Wasser(-)
to go waterskiing	Wasserski fahren
to wear	tragen
weekend	das Wochenende(-n)
will	werden
windy	windig
woman	die Frau(-en)
wonderful	wunderbar
to work	arbeiten
world	die Welt
yesterday	gestern